爱要从容

王 宏◎编著

北方妇女儿童出版社
·长春·

图书在版编目(CIP)数据

爱要从容 / 王宏编著. -- 长春:北方妇女儿童出版社，2018.1

ISBN 978-7-5585-1796-9

Ⅰ. ①爱… Ⅱ. ①王… Ⅲ. ①爱情-通俗读物 ②婚姻-通俗读物 Ⅳ. ①C913.1-49

中国版本图书馆 CIP 数据核字(2017)第270021号

爱要从容

编　　著　王　宏
责任编辑　李绍伟
封面设计　清　风
开　　本　880 毫米×1230 毫米　1/32
印　　张　5.5
字　　数　110 千字
印　　刷　三河市元兴印务有限公司
版　　次　2020 年 7 月第 1 版
印　　次　2020 年 7 月第 1 次印刷

出　　版　北方妇女儿童出版社
发　　行　北方妇女儿童出版社
地　　址　长春市人民大街 4646 号
　　　　　邮　编:130021
电　　话　编辑部:0431-86037512
　　　　　发行科:0431-85640624

定　　价:29.00 元

如何获得幸福的爱情婚姻

哪个少女不怀春，渴望能和自己的意中人经历一场轰轰烈烈刻骨铭心的恋爱。渴望有情人相亲相爱不离不弃，渴望相爱的人牵手走进幸福的婚姻殿堂.

但是女人在年轻时纯情善良，没有社会经验，认不清男人的真面目，很容易被蒙骗。

多少温柔纯情的女孩怀着对美好爱情的向往不幸被男人欺骗伤害，她们从此不是活在悲伤孤独中就是自暴自弃。

多少用情至深的好女人身陷婚姻悲剧，根本原因就是因为当初年轻单纯，不懂得什么样的男人是好男人，不懂得什么样的男人才值得托付终身，往往太重视男人外在的条件，忽视了男人内在的品质，为以后不幸的生活种下了苦果。

人生苦短，本该活得充实快乐，为何却因爱情身陷悲伤和不幸？拿什么拯救这些原本善良纯情的女孩呢？我要写这本书的愿望更加强烈！

一个人赤条条来，赤条条去，人生就是一次旅行，享受的是过程。爱情亦是如此，爱要爱得理智，不要为爱而疯狂！爱情来临，欢喜迎接，量力付出；爱情逝去，坦然放手，依然前行。不要因为爱情荒废你的学业，不要因为爱情放弃你的工作，不要因为爱情改变你的人生轨道，才能爱得从容，活得洒脱。

我们追求爱是为了活得更快乐更幸福，如果有一段感情让你痛苦，那就请放手吧！没有爱情没有婚姻也无妨，只要按自己的意愿活着，一生无怨无悔，就是最好的生活。

曾经有位女作家说婚姻是女性生命中的第二次投胎，成功的婚姻可以成就一个女人，让她的生活充实幸福，失败的婚姻足以毁灭一个女人一生的幸福。

青春妙龄的女性朋友们，你们一生的婚姻幸福与否掌握在你们自己手里，因为婚姻的成功多半取决于你自己婚前对一个男人的正确选择。只有嫁为人妇前做好十足的功课，了解男人的本性，识透男人的本质，才能正确选择适合自己的爱人。

聪明女子的爱情充满了激情但不缺乏理智，她会谨慎了解清楚男友的优点和缺点，她会注重男友的品质修养。她会调动自己的情商、智商，选择和自己有一样的兴趣爱好和人生价值观的男友做爱人。两人相互帮扶，相互慰藉，共同进步，享受人生旅途。

没有永久不变的爱情，激情过后是平淡，在平淡的婚姻生活中，要想丈夫一辈子宠着你、爱着你、心甘情愿把辛苦挣的钱都交给你，首先你得爱对人、嫁对人；其次要用心用情经营婚姻，才能享受甜蜜的爱情，拥有美满的婚姻。

亲爱的女性朋友，无论你是单身族还是已婚族，不要把一切都押在爱情婚姻里，不要在得到爱情的时候，以为得到了一切；不要在失去爱情的时候，以为失去了一切。婚姻和爱情不是唯一，梦想和追求很重要，理想和事业很重要，努力成就自己一定要拥有独立的事业，你才能获得独立自由的生活，你才能活得有尊严！你才能更好地掌控自己的爱情和婚姻。这是我给你们最要紧的忠告，相信每个女性都可以做到，只要你自信努力。

我拖着病残之躯，不遗余力把亲身经历、亲眼所见、亲耳所闻的鲜活真实的一桩桩爱情婚姻事例，整理编辑成册，真诚希望痴情的女性朋友们通过阅读了解后受到启发。在情感的道路上，让每位女性少走弯路，少受伤害，爱得从容，活得洒脱！好好把握你们的爱情婚姻生活，让自己的人生绽放光芒！

愿天下每位女性朋友在漫漫人生旅途中有爱人相伴，人人拥有和谐美满的家庭、称心如意的事业、快乐充实的人生！这是我出版此书的最大心愿。因此，我真诚地期望这本书：

有更多的人阅读！

有更多的人思考！

有更多的人获益！

目录

第一章 爱自己，让人生绽放光芒

在这个世界上，最苦的是女人！

女人从出生之后首先在体力上、心理上、情感上就属于弱势群体，成长中处处要防着色狼的侵犯，恋爱时要防着渣男的欺骗，找工作时要面对无处不在的性别歧视和职业限制。

嫁为人妇时在男方陌生的家庭环境中，面临着诸多的考验。从此迫不得已收敛了在娘家的任性随意，改变自己的好多生活习惯，尽力打造一个好媳妇的形象。

为人母生孩子时不但要经受着身体上的种种折磨，还要时刻担心丈夫耐不住寂寞，好不容易熬到孩子出生，可抚养孩子的大部分重担依然落在自己肩上，对孩子头疼脑热担惊受怕。面临着工作和抚育孩子的两难选择，顾了家被指责吃闲饭，干了工作被指责不顾家，面对丈夫数落责难甚至家暴痛苦悲伤！

咬牙坚持熬到一切磨难都度过了，自己已青春不在，沧桑的容颜换来的是丈夫日渐疏远的心。还要整日面对柴米油盐精打细算，早起晚睡操持家人吃喝拉撒，满心装着丈夫、孩子、家庭，唯独忘却了自我，在平淡乏味的生活中日渐苍老。

家庭妇女变成家庭的牺牲品，女人被圈在狭小的家庭生活里，慢慢地枯萎和老去。浪漫柔情的少女之心早已被消磨得荡然无存，当初的兴趣爱好和梦想早已被压抑的婚姻生活击得粉碎！

女人，到底为何而活？

人生不过百年，女人一生该为自己活一回，活出自己的精彩，才不枉此生。

庆幸我们生长在新时代，在新时代的大舞台上，我们女性有更多机会选择扮演不同的社会角色！

广大的女性同胞们，不要拘泥于家庭妇女的角色，不要成为男人的消耗品，不要受困于情感的漩涡之中！

要对自己的人生做全新的安排：用三分之一心思来爱自己，用另外三分之一的心思去爱生活，用剩下的三分之一的心思投入爱情、婚姻、家庭。如果能按这样的方式生活，那女人的兴趣爱好、工作事业、爱情婚姻会步入良性循环发展中。

女人要好好爱自己，注重自己的容貌打扮，让自己变得更加美丽自信；要爱上学习、勤于学习，提升自己的内涵和气质；选择一份自己感兴趣的工作，让自己有份经济来源和成就感；参加社交聚会，寻找志同道合的朋友开心交流，感悟生活。

贫则独善其身，达则兼济天下。女人爱自己并不是一种自私表现，因为只有自己活得健康、开心、快乐，才能更好地爱家人，爱生活。女人肩负着人类繁衍后代的重任，只有女人健康了，才能生出健康的宝宝，只有女人自信快乐，才能教导自己的孩子更加自信快乐。母体的言传身教对孩子的成长极其重要，古有“孟母三迁”“岳母刺字”进一步说明有学识有修养的妈妈抚育教导的孩子会更加优秀。女人好好爱自己，让自己成为一个优秀的母亲，为社会培养优秀的儿女，为祖国培养未来的栋梁。

女人只有爱自己，在自己想要的生活中沐浴阳光，才会身心健康快乐，才能更好地温暖滋润自己所爱的人。只有爱自己，不断提升自己的女人，才会自信独立，才能获得别人的尊重，才能守住爱情，才能收获幸福。

总之在这个新时代中，只有自身不断进取，才能拥有更大的选择权和自由度。人生一世，婚姻和爱情都只是锦上添花的事情，还有好多美好的事值得我们去追寻去付出。

我们要活出新时代女性的自我价值，无愧于养育我们的父母，无愧于自己的人生！每个人追求自我价值的方式千百种，但满足感与幸福感却是相似的。你应该做让自己感到幸福的事情，做自己认为有意义的事，为自己梦想而活。一生努力做自己，就是最快乐的人生。

但只有在经济和精神上都能够自给自足的女性，才能真正掌握自己的人生命运。经济独立、人格独立与思想独立，才能拥有追求自己梦想生活的底气，而这些独立，大多源自于工作带来的金钱、力量和自信。

有句话说得很形象，女人靠父母是公主，女人靠男人是佣人，女人靠自己是女王。

我知道有人会指责我又在鼓吹女权主义，我既反对男权思想，又不主张女权主义，我最推崇男女平等思想。

不管是男权思想还是女权主义，这都是走极端化道路，把男人和女人放在针尖对麦芒的对立状态，是不符合自然规律的。天地万物讲求阴生阳阳生阴，阴阳相合才能平衡。在人类社会中，男女结合才能让人类延续发展，这是谁也无法否认的生存规律。其实质说明现实生活中，男人离不开女人，女人离不开男人，不存在谁是谁的附属品。

男女平等思想

在几千年的封建社会，妇女只是男人传宗接代的生产工具，几乎没有话语权。在新中国成立后，妇女地位得到了很大的提升。尤其是改革开放这30年来，社会经济得到空前发展，妇女就业机会大大提升。作为现代新女性，妇女在政治、文化、社会各方面都已享有同男子平等的权利。

我们追求的男女平等，是指人格和地位的平等，不是分工的平等。由于男女生理和心理的差异，导致男女在社会和家庭中分工都不同，这是合理的，并不影响男女平等的思想。

但在今天现实生活中，男女平等思想的焦点矛盾主要集中在婚姻生活中。在新时代的当下，在没有结婚之前，男女权利一切都是平等的：同样享受受教育权利，同样享受工作权利。可是结婚后，情况就有变化。这就很有必要把男女平等思想落实到婚姻家庭生活中讨论一番，应该对我们大家的婚姻生活很有指导意义。

当一对男女恋人通过婚姻组建了家庭，夫妻双方就要共同负责任、共同尽义务维护两人共同的家，只是分工不同。大多数家庭是男主外女主内的生活方式，也有部分家庭是男主外女人内外兼顾，还有部分家庭是男女共同工作，共同干家务。

在婚姻生活中只要有爱情，夫妻双方都愿意为对方付出，没有谁计较干多干少的事。

可是大家都知道相爱容易相守难，没有长久的爱情。科学已证实恋人之间的激情在两三年后就会消退，可婚姻却是一辈子的事，靠什么来维持平衡夫妻关系呢？

大家肯定会说靠包容，包容也是建立在爱的基础上，只有互相尊重是维持夫妻平等的最好砝码。要想赢得别人的尊重，首先自己得拥有值得别人尊重的优势。

男人不会因为女人对他付出了无数、对他有多好就会真正爱上她而不会抛弃她。女人对他千般的好万种的爱，他只会消遣享受，但换不来男人的尊重。

男人只会尊重和自己势均力敌的对手，也就是说男人只会真正爱上和他学识见解平等、思想上共鸣的女性。做一个优秀洒脱的女人，高贵的女人最值得男人的爱。

要做一个有学识、有修养的高贵女人，一切得靠金钱做铺垫：有钱可保养打扮才显优雅；有钱可摆脱凡俗生活困扰，静心读书，学习棋琴书画尽显才气，气质自贵；有钱可游历世界，跻身上流社会，增长才学见识，利用人脉资源，促进财富增长。

可见要想实现婚姻生活中男女平等的权利，也就是地位和人格的平等，主要依靠女性的努力和争取，但不靠女人的温柔贤惠无限付出，也不靠女人的强势霸道无尽索取，一个中心依靠经济提升自己。有了经济做基础，女人有了更多自主权，可以做自己想做的，不断提升自己，使自己活得从容，气质优雅，工作优秀。一个魅力无穷的女人能不吸引男人的爱吗？

不可否认，在现代的婚姻生活中，谁拥有了经济权，谁就拥有了主动权。经济独立才会人格独立，有钱才会有尊严。

对于拥有经济实力的女性,她的思想也很独立,她很从容地挑选她爱的男人共度美好的婚姻生活，这样的婚姻比较稳定。虽然她有实力拥有主动权可以换丈夫,但女人对感情痴情专一，她更愿意和初恋长相厮守。只有当男人吃喝玩乐不学好,沾染黄赌毒败家时,迫于无奈女人才会换掉他。有的男人靠女人实力发迹后变成白眼狼,背叛婚姻。这对女人生活没什么大的影响,但感情受到了伤害,有魄力的女人内心都比较强大,对她们来说没有过不去的坎儿。

对于没有经济收入的女人,还有为了孩子放弃工作的女人在家做家庭妇女。她虽然不直接创造经济价值，但她料理家务,照顾教导子女,让男人既享受家的温暖又没有后顾之忧,全力打拼事业。大家也相安无事,如果这样平平稳稳过一辈子也不错。

但最吃力不讨好的事就是做家庭主妇,你每天洗洗擦擦把家打扫得一尘不染,你每天提着菜篮到处采购又便宜又新鲜的蔬菜,你每天变着花样为家人做可口的饭菜,你每天辅导孩子做作业。总是从早到晚没闲着。你什么都做到极致,丈夫却熟视无睹并不尊重你的付出,与你越来越疏远。因为你的世界只有老公孩子,你已与外界脱轨,你已停止了精神世界的生长,你们已经没有共同语言了。你在家中还有地位可言吗?

曾经在婚礼上信誓旦旦:我爱你！我愿养你一辈子的男人早忘却了对你的承诺，还一脸嫌弃,“你在家吃闲饭就知道花钱。”可一家人吃喝日常生活不要钱能维持吗?女人尽量不买好点的化妆品,尽量不买新衣服,尽量精打细算省着花。伸手要钱的日子不好受啊,得看男人的脸色受男人的气。女人尊严何在?

不是说分工不同,其他是平等的吗?女人的地位和人格受到了冲击,平等在哪里?

男人天生喜新厌旧,没责任心的男人在外拈花惹草,风流快活,不顾及妻子的感受。柔弱的女人忍气吞声,男人更肆无忌惮；刚烈的女人反抗讨说法，男人阴笑着胜券在握，转移婚内财产，公然挽着年轻貌美的小三对气急败坏的妻子理直气壮地喊着："这是我家，你滚出去！"女人抱着孩子痛哭，最舍不下的是孩子！可法院说：没经济收入，你无权抚养孩子！

想当初如花似玉的自己嫁给他，被婚姻熬成黄脸婆，如今被抛弃一无所有，只提着几件旧衣服无家可归：平等在哪里？公平在哪里？何处是容身之地啊？

在婚姻中，女人的安全感就是，当被迫离婚时，有钱抚养孩子，有属于自己的房子。

可见在婚姻生活中想要取得男女平等的地位，女人必须拥有经济实力，女人能够自立的资本是女人应该有自己的钱！有了钱谁离了谁都能活得好，只有工作会让女人拥有金钱、自信、力量。

女明星李嘉欣自己很清楚地认识到工作独立的重要性，她即使嫁入豪门也很独立。结婚以后的李嘉欣生了一个可爱的儿子，富豪丈夫很宠爱她，但她依旧坚持工作，做自己的各种投资。曾经有记者问李嘉欣，做豪门少奶奶最重要的是什么？李嘉欣坚定不移地说："独立。"

还有女明星赵薇嫁给富商丈夫后，她没有坐享其成，继续发展自己的演艺事业，从演员、歌手到导演，赵薇从没有放弃自我学习，投资股票，和丈夫学习经商投身商场。现在她拥有的资产比丈夫还雄厚，婚姻稳定、家庭幸福。

婚姻对男人的生活影响不大，但对女人的生活影响巨大。不生孩子不带孩子的女人个个都能养活自己，有的活得还挺滋润潇洒。可一旦生了孩子后，女人就别想轻松，付出身体精力和时间，有受不完的累，有操不完的心！

作为男人结婚后享受着妻子给予的幸福，享受着家庭的温暖，享受着孩子带来的天伦之乐。男人你就这么问心无愧地享受着，不承担责任吗？但你能付出的恐怕也就只剩金钱了！那就承担起养家的重担吧。

可有多少男人肯主动自愿肩挑重担呢？这就需要女人主动

争取。在感情生活中，女人既不能活得太软弱，也不能活得太强势。有的女人不停伸手向男人要钱，让他不堪重负，就会心生怨意。有的女人自尊心太强，不肯花丈夫的钱，但换来的绝不会是丈夫的感激，对他来说，他感受不到被需要被依赖被崇拜，只有失落感。

就算你有一份不错的收入，也要想办法花男人的钱，数额要在他能承受的范围内。这是一箭双雕的好计谋，第一让他感觉你需要他，满足他的虚荣心，肯定他挣钱的意义，给予他挣钱的动力。第二可以充实你的小金库，作为将来生活的保障。男人在你身上投入越多，离开时越舍不得，这是经济学原理。既互相独立又相互依赖的夫妻，感情最稳定。

秀娟就是做全职太太的，她和丈夫相恋九年，双方都很了解，在结婚时，秀娟就提出要求掌管家中经济权，婚后丈夫自觉把工资都上交给她，还怕她自己带孩子太累又给请了保姆。平时他自己不舍得买贵的衣服，但只要妻子穿着好看，一件衣服几千块钱他都会支持老婆买。家中所有积蓄都由秀娟支配，丈夫什么事都对老婆很迁就。现在儿子四岁多了，还准备生二胎，夫妻感情比恋爱时候还深沉。

对于女人来说最大的挑战是养育孩子，第一挑战：为照顾孩子放弃自我发展，今后的生活道路失去了保障；第二挑战：假如丈夫和你离婚，你没有经济实力争不到孩子抚养权；第三挑战：假如丈夫抛弃了你和孩子，你拿什么养活孩子和自己？这一切都会造成女人失去和丈夫一样平等的选择权利。

生孩子前必须和丈夫协商：我只负责生孩子，养孩子的问题轮到你负责，我得工作挣钱养自己，还得存钱想着买房子。新婚姻法不是说了，婚房和车都属于你，哪天你不要我了，我净身出户去哪里？什么？孩子也是我的，我得管。我当然愿意照顾孩子，那我丢了工作损失由你补，你挣的钱也是婚内财产，全部上交我保管，免得你有花心转移财产。什么？不行？那你给我开工资好了。不答应我的合理要求，就甭想让我生孩子！

生孩子的主动权在女人手里，没有经济基础，坚决不生孩子。坚持原则，不能退让一步！今天的心软退让，让明天的你举步维艰，面临工作和育子的两难选择，想等孩子能上学了再出去工作挣钱，可你想过没，机会不等人，年龄不饶人。女人老得快，就业机会随年龄增长越来越少。时光不会倒流，逝去的年华与失去的机会，永远不会回来。

一旦你失去工作，手中又没有钱，拿什么来保障你在家庭中和丈夫一样平等的地位呢？

既懂得付出，也懂得索取的女人，更会得到男人的尊重，也会更好地维持家庭男女平等的地位。

投资自己

作为一个女人，要漂亮、要年轻、要富贵、要男人追捧，活得优雅从容。要让这美好的愿望变成现实，那就要不断投资自己，一生中有三件事要坚持不懈去做：第一要经常注重打扮，美丽能带来自信；第二要自己不停地工作赚钱，经济独立能受到尊重；第三要坚持学习，学习能提升气质，充实精神生活。

赶快行动投资自己，让自己越来越美丽，让自己越来越独立，让自己越来越强大，让自己越来越富有，才能主宰自己的命运。

衣着打扮投资是女人最注重的。爱美之心人皆有之，在现实生活中，不管做什么事情，不可否认帅男美女的成功概率比一般人高。俗话说："人靠衣装，佛靠金装。"在人际交往中，着装一定程度上反映一个人的个性、爱好、文化品位和审美情趣，它是个人礼仪形象的重要体现。

请不要不屑这个看脸的世界，总觉得内心足够强大，就淡化了外貌的力量。每天花点时间打扮自己，让自己容光焕发、神采奕奕、信心满满地迎接每一天。

学习投资是一个收效缓慢的事，日积月累让自己一点一点沉淀，"腹有诗书气自华"。文化的熏陶，使女人谈吐不凡、气质优雅、举止从容，拥有这种由内而外的魅力，怎能不令人欣赏呢！

通过自我投资，你会拥有清新靓丽的容颜，你会拥有高贵不凡的气质，你会拥有自由支配的金钱财富，当你成为真正有能力的女人，当你成为优秀的女人，追求你的男人将不计其数，爱情自会不期而至。

如果一个女人在最重要的几年中，投资的是你爱的男人，那么以后的几十年里，你将不断委屈自己，企求着这个男人不要离开你。如果你投资的是自己，那么你会很顺利地收获真正属于你的爱情。

你优秀，你就有确定自己爱情的能力，你就有选择爱情的权利。越优秀，你确定自己爱情的能力越强，选择爱情的权利越大。

已婚女更应爱自己

爱情婚姻是以物质为基础的情感建筑，爱情也是讲究势均力敌的！有智慧的女人，婚后也要懂得让自己增值。

结婚的时候，哪个男人不是山盟海誓，恩爱时候两人不分你我。缘尽情灭时，女人就一无所有！结了婚的女人更应该投资自己，让自己独立生活的能力和实力不断地提升。

所以女人一定要好好爱自己，与其整天担心你的男人出轨，还不如好好充实和保养自己，让自己变得足够有经济实力，足够有魅力。他有出轨的魄力，你就有换掉他的实力！

有工作有存款有孩子就是女人在婚姻生活中的实力，如果你能迷恋得丈夫把房子也归在你的名下，那你的实力超强，那丈夫也死心塌地和你白头到老。

新婚姻法的实施对女人十分不利，就算找个有房有车有资产的高富帅，女人只有使用权，却没有支配权。一旦离婚，连使用权也失去了，净身出户的是女人，更悲伤的是，一无所有的女人会失去孩子的抚养权。

男人结婚买房买车，永久是男人自己的。女人的父母也花费了很多人力财力才把她养育成人，嫁给男人后她为家庭贡献自己的一切，为男人生儿育女，操持家务，由青春少女熬成黄脸婆。难道作为男人不应为女人父母付彩礼以谢养育之恩吗？作为男人不应提供舒适的房子吗？

男人四十一枝花，女人四十豆腐渣，当男人和他的房子一起升值的时候，女人青春已逝却在贬值。新婚姻法就是纵容了男人喜新厌旧婚内出轨的毛病，只要女人提出抗议，他就可以随意离婚，转移婚内财产，反正有房有车照样娶小姑娘，任何损失都没有。

一个新婚不久的女人说新婚姻法施行后，她男人一生气就对她痛骂：这家是我的，滚出我的家！

哪个女人不害怕自己人老珠黄的时候被抛弃！面对男人的出轨，面对男人的家暴，女人不想也不应该委曲求全隐忍，抗争的结果却是净身出户，况且女人离婚时连自己用命生养的孩子也没有优先选择权。离婚后孤苦无依，如果没有娘家父母收留，恐无容身之地！所以女人无论如何都要经济独立，都要自己挣钱存钱！有了经济保障，才能应对后顾之忧。

男主外女主内的家庭模式早已不适应新时代新形势，女人再也不能单纯做家庭主妇，不要一心只扑在养育孩子、侍候老公、洗衣做饭的繁忙家务里。

女人，要懂得爱自己，不一味去迎合男人，更不要去依赖男人。要活得漂亮，要活得独立，要活得有钱，未来才有保障。要出去上班打拼事业，活出自己的一片新天地，才有尊严。

当每个女人都自立自强，拥有事业，拥有金钱，活得从容，再也不用羡慕男人的财富，自尊自爱，就会再也没有二奶、小三不光彩的角色，男人想出轨也没有社会土壤，如果有这样美好的社会环境，想必每个人的婚姻家庭就会稳定幸福很多。

不做情感的俘虏

事业的成功可以带来成就感，爱人的相伴、家庭的和谐会有幸福感！

人非草木孰能无情，芸芸众生都得跨过情感这一关。当你爱上一个人时，爱情的魔力强大到你无法抗拒。尤其是女人最易感情用事，更容易陷入情网无法自拔。

事业有成的女人对待爱情更要万分慎重！很多优秀的女性，很容易遇到渣男，被渣男套路。在事业上春风得意，更不能败在一份感情上，毁了自己美好的人生。

易求无价宝，难得有情郎。谁能识透他是真心爱你，还是企图你的钱财。就算是真心爱你，谁能保证能爱一辈子吗？所以无论你多么爱他，也不要把钱财交给他保管！

有志气有尊严的男人不会伸手向女人要钱，也不愿给女人增加负担。凡是找各种借口向女人谈钱的男人一定是心怀鬼胎。你若不答应他的要求，他肯定怒斥你不爱他，让你内疚，他可能会拂袖而去。恭喜你成功摆脱了渣男的骗财阴谋。

如今在互联网时代，交友变得极其简单方便，渣男骗财骗色的事件层出不穷。

请记住这一桩桩一件件男人成功骗取女人钱财和感情的悲剧。

台湾名模、名主持、名演员孟广美事业顺风顺水，活得快乐滋润，但情路坎坷，曾经历了两次失败的婚姻，却仍然没有逃脱被骗的命运。

她自认为很了解意大利男友，因为他俩相识于1997年，直到2004年才成为恋人，她把自己所有钱款和母亲兄妹的存款都交给男友打理。谁知此人是个诈骗犯最终被抓去坐牢，孟广美损失了4个亿。这一次她栽了大跟头，被骗得倾家荡产，致使穷困到租房度日。

张曼玉和地产商宋学祺两人相恋，当男友资金短缺时，张曼玉为帮他渡过难关，拿出自己多年积蓄1000万。不料男友经营不善公司倒闭，张曼玉血本无归。这还不算，更狠的是男友见利忘义，又攀上了另一位富家千金，无情地抛弃了她，这是她一生难以忘却的伤痛！

好女孩从来就活得很累，最容易被渣男欺负，并且还不懂得为自己争取利益。经历越少的女人越容易被他人欺骗，你身心不够强大，内心过于软弱，最终就会成为渣男的俘虏，玩弄你、榨干你。

女人渴望爱情，一定要懂得分辨男人的好坏，还要爱得有底线，即使不小心选择错了，也要有斩断孽缘的魄力，不要为渣男耗尽一生或丢了性命，为情自杀的人最傻！

这世界最可怕的是女人自己心甘情愿地被男人控制精神思想。女人往往对爱情充满了无限美好的遐想，恋爱时，女人的智商几乎等于零，痴情的女人更是爱的深切，对自己所爱的男人心甘情愿地付出一切。其实你自己已成为善于伪装的男人手中的棋子，当你有用的时候你就是女王，当你没有价值的时候你什么都不是。当女人被欺骗、被抛弃时，才会醒悟，才会追悔莫及。

女人最大的悲哀是深陷情网爱得一塌糊涂，爱得奋不顾身。明知走进了一段错误的感情，却不愿回头，明知错爱了一个不该爱的人，却不愿放手。

女性天生追求浪漫，女人是感性动物，不善于思考，所以，往往容易被骗。渣男利用和女人谈情说爱，逐渐不知不觉控制了女人的思想，女人居然可以无限度地为他付出金钱，贡献肉体，甚至背弃朋友和家庭，放弃一切理智。

没有经历过的女孩不愿相信美好的爱情会伤人，能看透的，都是已被男人伤得遍体鳞伤，痛过才知道后悔。

女人不想被男人掌控人生，首先就要人格思想和经济很独立，内心要强大。

好的爱情会使双方变得更优秀，更快乐，更轻松，而不是蹉跎了彼此的青春，更不是让你被动付出，感觉压力越来越大。爱情要建立在平等、尊重的基础上，不要因为你爱他就刻意去讨好他，很卑微的表现容易丧失自我！防止他以爱的名义向你索求无度，对爱的付出一定要有底线，以防感情被欺骗还要蒙受巨大的经济损失。

一旦女人爱上一个人时，自己会百般讨好对方，不想让男友伤心失望，会尽力满足男友的要求。但切记在爱情中的付出要量力而行，千万不可孤注一掷。

但对这种男人要拒绝，一定要拒绝！一边对你大献殷勤，送你小恩小惠，一边找各种借口索取钱财的男人，让这种男人有多远滚多远。这种渣男的套路是以少博多、以小换大的骗术。要守住自己的钱财，别让渣男有机可乘，骗色骗情骗财。

女人记住最简单实用的防骗招数：这个世界上除了父母和孩子，谁都不值得你掏心掏肺！无论你多爱他，凡是向女人找任何借口求助谈钱的男人一口回绝！这已透露真相是他爱的是你的钱，并不是爱你人。就算是真爱，也难保他一生不变心！

真正的好男人自强不息，从来不要求自己所爱的女人付出，他只想为心爱的女人付出。

用心体验生命

生命应该用心体验和感悟，作为新时代的我们都应该有勇气倾听自己内心的声音，有权利去尝试和选择自己想要的生活方式，找寻内心的宁静，体验生命的美好。

徐静蕾堪称新时代、新女性的领军人物。她的生活美好得像遥远的童话令人向往，她的生活充满情趣像一首韵味十足的诗令人陶醉。

活力四射的徐静蕾遵循内心，做自己想做的事情，热爱生活，保持初心。

她随心所欲地快乐生活，想干事业就风风火火全力以赴，想游山玩水就扛起背包出发，喜欢谁就和谁花前月下浪漫。她一直按自己的意愿活着。

她不愿为不喜欢的事情而含辛茹苦，也不愿为不喜欢的人而强颜欢笑，她说最需要讨好的人，是我们自己，她听从自己内心的声音，快乐地做着自己喜欢做的事情，每件事都做得有声有色。

徐静蕾是娱乐圈公认的才女，她不仅是演员、导演，还会写书、画画，她当过教师，办过杂志，还成立了自己的网络科技公司。她所做的每件事都是她感兴趣的，所以她很投入，最能出成绩。由她执导的《杜拉拉升职记》曾获得中国大陆一亿的票房，她成为大陆首个票房破亿的女导演。并凭《开往春天的地铁》《我的美丽乡愁》先后获第26届大众电影百花奖最佳女主角、第23届中国电影金鸡奖最佳女配角。

博学多才的徐静蕾从来不循规蹈矩地生活，在38岁时对自己的现状感觉不满意，于是她抛下正当红的事业，跑到纽约继续读书进修，给自己充电加油。

她热爱演艺事业，但是她对角色要求很高，希望在表演的过程中得到乐趣，得到启发，她不喜欢简单重复套路化的角色。如果没有她感兴趣的角色，她宁可没戏演也不浪费时间。

徐静蕾一直快乐地生活着，没有伤春悲秋的伤感，她觉得人生挺短暂的，那就做一些好玩的、有意思的事情，让爱好填满生活。

她爱做手工，拍戏的时候，收工后要做两小时手工再睡觉，定下心很享受做手工的过程，满脑子都是那些好看的布料、珠子，让人赏心悦目。

徐静蕾工作之余，但凡休息的时候，无论是在洛杉矶、东京、台北、曼谷、北京，只要有布料店、首饰材料店，她一逛就是一天。早上醒来便开工，忘记了时间，忘记了吃饭的投入。虽然累，但她从来不觉得，因为这是她的兴趣爱好，更是一种享受。

一年多下来，徐静蕾自己一针一线做了170多个包包，几百件小饰品，送给朋友们分享。

这位1974年出生的快乐女神虽然年过40，但没有一点中年人的沧桑，因为她一直保持着一颗少女纯洁的心，她浑身透露着年轻的魅力。

徐静蕾遵循本心，做着自己最喜欢做的事，当演员、拍电影、做手艺人、创静蕾字体、办杂志、出国进修、享受爱情等。一切的选择都发自于她内心的意愿，让她自由快乐的生活方式她都大胆去尝试。

徐静蕾是新时代女性的先锋，她独特的生活方式是现代女性最渴望的美好生活！

愿每个女孩都能像她那样，做个能够掌控自己生活的新女性，好好爱自己，用最真实的内心体验生命的喜悦。活出真实的自我，活出快乐的自我，活出有价值的自我。

女权运动的首创者

民国四大才女之首的吕碧城就是中国女权运动的首创者，她 23 岁时就成为中国第一位女校长，是中国女子教育的先驱者。

她有颜值、有胆量、有头脑、有才华，她的社交圈涉及文坛、政坛、商界、教育界、媒体圈、宗教圈，而且在上流社会声名显赫。

青春易逝容颜易老，魅力和智慧才是永恒，吕碧城是极具魅力的女人，她在男人面前谈吐风雅、不卑不亢、将女人的美与睿智表现得淋漓尽致。才貌双全、魅力和智慧并存的吕碧城有众多的追求者，既有中国人，也有外国人，还有不少才子和高官。但她选择男友的标准很严，她有过几段爱情，却不曾踏入婚姻。虽终身未婚，但吕碧城一生的生活堪称精彩绝伦！

吕碧城出生于 1883 年，当时中国社会正处于风雨飘零的晚清。她的父亲时任山西学政使，是山西省的最高教育长官，据传家有藏书 3 万卷，在父母教导下，吕碧城成长为一个知名的才女。

不幸的是在吕碧城刚刚 12 岁时父亲溘然离世，族人见她们孤儿寡母好欺负，于是想争夺她父亲的遗产。族人先是将吕碧城姐妹 4 人及其母亲幽禁起来，后甚至勾结匪人，将吕碧城的母亲掳走。内心焦灼的吕碧城立刻写信给父亲的朋友、学生，苦苦央求救助，母亲才得以脱离险境，不得以她们母女投奔到舅舅家。

吕碧城切身感受到女子在社会中受到的歧视和伤害，誓与不公正和旧势力做抗争。为此，她更加奋发向上，努力让自己变得强大，为改变全社会女子的弱势地位而奋斗。

不愿让别人掌控自己命运的吕碧城，20 岁时她从舅舅家偷跑出来，只身一人坐上了去天津的火车。幸运的是，她在天津很快遇到了自己生命中的贵人，正是《大公报》的总理英敛之，他对她的文笔和志气大为赞赏，聘请她担任编辑。就这样，21 岁的吕碧城成了中国新闻史上的第一位女编辑。

她的文笔优美，她的思想超前，她激进的文字在当时的社会广为流传，圈粉无数，崭露头角的吕碧城开始活跃于上流社交圈中。

同时，她积极争取女子受教育的权利，提出了办女学的宗旨及“德、智、体”全面发展的方针，还强调要重视母教教育。

她说：中国之所以不强大，就是因为不重视女子教育。她认为有贤女才有贤母，有贤母才有贤子，古往今来，优秀的人物都受赐于母教。吕碧城大力提倡开办女学，对中国的进步发展有着不可忽视的作用。

因筹办女学，吕碧城与袁世凯有过交往，袁世凯对吕碧城也极为欣赏，认为此女是一个不可多得的人才。

大清帝国土崩瓦解后，袁世凯成为临时大总统，吕碧城随即成为他的秘书。

3 年后，吕碧城看清了官场的丑陋，且不满袁世凯称帝，愤然辞职，从此她远离政坛，又投身商海。没想到一介文人女流到了尔虞我诈的商界，她居然游刃有余，日进斗金，变身为超级富人。

聪明的吕碧城开始花钱投资自己。她穿衣打扮时髦大胆，特立独行，每次赴宴会，都会穿全新的、款式不一样的礼服。有人抨击她不该如此妖艳招摇，吕碧城却振振有词：女孩子应该有化妆打扮的权利，这也是女权信仰的一部分。

她的生活很开化前卫，出入舞厅，跳交际舞。她的寓所富丽奢华，还雇了两个印度巡捕为她看门。室内充满了文化气息，弹钢琴、欣赏油画，都是她高雅的爱好。

她还花钱出国旅行、留学。自费到美国哥伦比亚大学攻读文学、美术，进修英语。她在美国游玩时，住在号称世界第一的酒店，西方的富豪顶多在那住 7 天，吕碧城却一住就是半年多。

同时她还担任《上海时报》的特约记者，撰写自己的见闻，让国人与她一起看世界。

她还进行了一次环球旅行，周游法国、德国、英国、瑞士、意大利、奥地利，并将自己的见闻写成《欧美漫游录》，连载在报纸杂志上。

经历遍了所有的喧嚣和繁华，她开始追求内心的平静与安宁，思考人生的真谛。她加入世界动物保护委员会，皈依佛门，专心从事用英文译释佛经，弘扬佛教，提倡人道主义，宣讲动物保护的理念。

如此优秀前卫的女子吕碧城坦承自己对婚姻的看法："我这一生可称许的男子不多。而我欣赏的男人，又大多都有了妻室。其实我并不在乎财产和门第，唯有其文采是必须考虑的。这样一来，选择的范围难免大受限制，以致东不成，西不就。好在我手中略有薄产，不致为衣食发愁，再说，我的精神完全投入到文学之中，其乐无穷。"

才女爱才子，吕碧城追求至纯至真的爱情，她寻找的爱人是和她一样有文学修养的精神伴侣。可叹世俗红尘中有几人能和她相配？

吕碧城拒绝没有至爱的婚姻是她明智的选择，她的一生快乐而又充实。和她同称为民国四大才女的张爱玲投身爱情，却被渣男所伤，伤心的她到美国后又爱上一个大她 29 岁的美国作家，两人刚过了一年的安定日子，不料他中风瘫痪，为了给他治病，张爱玲辛苦赚钱，连一双新鞋都舍不得买。一代才女为爱情所伤所累，一生艰辛凄苦，最后孤独悲凉死于异国他乡。

虽然吕碧城一生未婚，但从不放弃对美好生活的向往追求。她没有婚姻生活的牵绊，也没有经历过失恋的痛不欲生，更没有俗事烦心，一切都那么淡定从容，不为其他，只为自己活得更美好。

她一生心怀纯真的少女心，热爱自由，热爱生活，身心快乐自由，心灵纯净至美，体验了生活的别样之美。

女权主义首倡者吕碧城至今也应该是我们女人学习的榜样：有名、有钱、有才，有颜值，有信仰，做过编辑、校长、商人、翻译，当过总统秘书，有一个高质量的朋友圈，还能周游世界，学英语、法语，加入动物保护协会，到世界各地宣讲，她的人生充实精彩！

吕碧城是一个真正有魅力的女人，打造精致的生活，事业上才华尽显，懂得如何在社交中显示自己的智慧、发挥自己的才干，活出了一个精彩的自我。她的魅力不但能征服男人，而且也征服了世人！

她年轻时敢拼敢闯，追求事业，积累财富，一生喜爱文学，笔耕不辍。她的生活富有、高雅、充实。晚年追求平静的生活，潜心向佛，彻底地放下一切，恬静安宁。

奋斗的人生才有意义

中国前首富宗庆后的女儿宗馥莉虽然身为千亿富豪，但她做人非常低调，不像现在有些富二代物欲横流，比豪车，追名牌，对富有的理解是吃山珍海味，穿戴奢侈品，高调炫富的方式层出不穷。虽然物质丰裕，如若精神空虚，也体会不到真正的幸福。

宗馥莉没有沉迷于物质享乐中，没有虚度美好的青春年华，没有沉浸于儿女私情的爱情中，一腔痴情倾注于事业中。她说她要做创二代，奋斗的人生才是最充实的人生，更重要的是追求独立的人格，实现自身的人生价值。

热爱食品行业的她自创企业宏胜饮料集团并担任总裁，自创业以来，她全身心投入把自己创办的企业打理得有声有色。

宗馥莉在公司一直是“铁娘子”的形象，做事注重规则和效率。工作上认真严谨、勤奋努力。她大胆创新，促进宏胜 8 年的快速健康发展，取得年营业收入 116 亿元的好成绩。

可贵的是宗馥莉明白在成长的历程中既要赚取物质财富，更要汲取精神财富！拥有精神财富的人才是拥有全方位财富的人！她曾留学美国学习先进的理念，不断把自己打造成一个知识渊博、视野开阔、眼光独特、思想丰富的企业家。

宗馥莉有自己的人生目标和追求，作为年轻的女企业家，她更注重追求社会效益。2007 年，她成立了“浙江馥莉慈善基金会”。她曾经说不愿花 1 亿来买飞机或游艇，情愿捐赠高校用来培养食品领域的职业人，以身作则的她在 2012 年捐资 7000 万元与浙江大学合作设立馥莉食品研究院，2014 年捐赠 1 亿元与西安交大联合成立了馥莉食品科学与工程学院，为培养食品行业的高端人才做着积极努力，并资助多名贫困大学生完成学业。她希望有更多的人参与改变现有的社会生态环境，让我们的生活变得更好。

坦率、自信、独立的宗馥莉希望传递“人人为公益”的新理念，感染更多的新一代企业家去主动承担改造社会的责任，使公益成为一种共同的生活态度，使公益成为新的社会价值取向，促进社会变得更好，更和谐。

宗馥莉给当代青年提出殷切寄语：这是属于我们的伟大时代，勇气和努力恰是给青春留下的最好勋章，坚持自己的方向，坚定自己的脚步，走自己的路，用几年或者更多的时间，让不可能成为可能！

宗馥莉的成就再一次证明爱情婚姻只是女性生活的点缀，追求事业才是女人实现自己人生价值的最好选择，奋斗的人生才更精彩更充实。

从事感兴趣的工作

爱情固然美好，但不是我们人生的全部，青年学子们，不要让爱情影响了你们追求事业的信心，不要让爱情牵绊你们前进的脚步。

清华大学的女科学家颜宁教授，美丽年轻而且才华出众，享誉学界。30 岁的她学业有成，2007 年受聘于清华大学医学院，成为当时清华最年轻的教授和博士生导师。

1977 年出生的颜宁聪慧好学，高中毕业后终于考上了国人梦寐以求的清华大学，1996 年进入清华大学生物科学与技术系，2000 年获学士学位，她潜心学习，她的快乐就是遨游于知识的海洋。成绩优异的颜宁并被授予“清华大学优良毕业生”称号。

在同龄人沉迷于花前月下的浪漫爱情时，颜宁继续坚持在求学的道路上探索。她远赴美国到普林斯顿大学完成了博士和博士后的学业。

学成归来的颜宁回到母校清华大学之后，一心扑在科研工作中，她带领平均年龄不到 30 岁的科研团队，仅用 6 个月时间破解了困扰学术界 50 年的科学难题。颜宁在清华期间，在世界三大期刊发表科研论文高达 17 篇，获“长江学者”“国家杰出青年”的光荣称号。

在清华的十年间，颜宁在结构生物学领域取得了世界级的科研成果，成为结构生物学领域的引领者之一。她因此收到了普林斯顿大学的主动邀请，成为普林斯顿大学分子生物学系终身讲习教授。能在自己的两所母校任教真是一件令她骄傲的幸事。

她的一位学生曾经这样问颜宁教授：“《欢乐颂》中的女主角安迪在金融界的地位一定没你在学术界的地位高，安迪的工作强度一定没你工作强度大，可是你看她赚那么多钱啊，人家的衣服多漂亮，你每天那么辛苦，工资却比她少好多，难道你心理平衡吗？”

颜宁教授反问道：“那你认为安迪就比我幸福吗？难道金钱就变成了衡量幸福感的一个标准了吗？”

她认为一个人的价值，对他人、对社会的价值越大就越值钱。

颜宁教授认为，我们应该按照自己内心喜欢的方式生活、工作，做一个独一无二的自己，而不是被大众、网络的声音所左右。我们只要做自己感兴趣的事、自己喜欢的事，并对这个社会有价值，就会很幸福。

颜宁教授的观点正是我们现代女性应该追求的人生坐标。

身为一个学术界的顶级人才，颜宁是一个按照自己意愿生活的人，她从事的工作正是她最喜欢、最感兴趣的事。她是一个明明白白不受物质诱惑的人，她只愿自己的学术能为人类造福，这就是她追寻的幸福。

颜宁把自己宝贵的青春年华奉献给学业，把自己打造成人才，让自己的人生光芒四射，她的成就必将载入史册。

颜宁的成就让我想起了前不久电视上播出的一档情感调解节目中的一个女孩，她也是受过高等教育并且取得了博士学位，但她的行为太让人失望。

她当着主持人、调解专家、全国观众的面抱怨母亲只让她专心读书，不让她学会打扮，结果成大龄剩女嫁不出去，曾前后相亲五十多次，多次被男方拒绝，不是嫌她胖就是嫌她穿衣打扮太土气，备受打击的这个女孩在节目中和母亲互相指责，以致情绪失控，差点晕倒，幸亏女主持人出手相扶，好言劝慰。

她能取得博士学位，母女应该共同感到骄傲，她应发挥自己的学识专长好好工作，把自己锻炼成人才，为国效力！为人类造福！实现自己的人生价值，该是多么光荣骄傲的事业！

不知这母女二人咋想的，有必要吵闹不休自寻烦恼吗？嫁不出去就不嫁，没缘分何必强求。胖就胖呗，土气就土气呗，活出一个真实的自我，活得快乐自由有价值就是好生活。结了婚也不一定幸福，若遇个渣男闹得鸡飞狗跳，最后离婚只落得伤心痛苦。

才貌双全的女神教授颜宁追寻的幸福是精神层次的幸福，她的成就让靠取悦男人的拜金女大学生汗颜，让为爱情寻死、堕胎的女大学生羞愧！

活出独一无二的自我

现在好多年轻人不思进取，面对自己的困境总是怨天尤人，面对别人的成就总喜欢当喷子：有什么了不起，不就是有个当官的好爸吗！有什么好炫耀的，不就是有个有钱的老爹吗！不就是长得漂亮，人家爹妈遗传的好基因吗！

当你了解了一无家庭背景、二无美貌的吕燕却成为国际名模的人生经历，不知你会做何感想？

1981 年出生于江西德安县农村的吕燕，父亲是理发师，母亲是家庭主妇，还有一个妹妹和弟弟。吕燕个子高更显得瘦，塌鼻梁、扁平脸盘、眯缝眼、厚嘴唇、高颧骨、短下巴，这样的长相应该说是很丑的。

出生农村，家庭贫困，相貌又丑，还想成明星，白日做梦吧？但是只要敢做梦，总有美梦成真的时候。没想到丑小鸭变白天鹅，吕燕竟然成为国际名模了！

很多女孩会因为容貌不佳而自卑，有的女孩本来长得很好看，却因缺乏自信，花钱折腾整容，结果越整越残。吕燕却天生自信乐观，她知道自己长得不好看，但从来没有自卑过，“你觉得我好看，就多看两眼，不好看就别看呗。”

就算丑，就算穷，也要爱自己，心中有自我的女人，必然自信，而自信，会让一个女人绽放光芒。

为了矫正自己走路驼背的缺点，吕燕参加了培训班，正是这一追求美的行动，让吕燕的人生大放异彩。

吕燕上中学时，她在班上个子最高，同学都不愿跟她走在一起。她讨厌自己的高个，走路时常驼着背。到南昌读中专时她觉得驼背很难看，就参加了市内一个形体训练班，学些芭蕾什么的。正逢这个培训班要到北京参加一个模特比赛，要 5 个名额，老师见吕燕个子最高，就决定让她也去凑个数。吕燕高兴极了，因为她从没到过北京，况且还是免费的。

有个新认识的朋友对吕燕说，像她这样有个性的人，如能到国外发展就更有前途了。听了朋友的话，吕燕就留在了北京寻求发展。因为没有签约公司,刚到北京的吕燕一直无法从事模特这一行。为能在北京待下去,只能自谋生计。那时吕燕常听到这样的议论:“她长得那个样子,还想当模特呀!”她记得特别清楚,一次到一家模特经纪公司,一进去接待她的人就把她从头到脚仔细打量一遍,眼光特别藐视。天生乐观、喜欢挑战的吕燕不但不气馁,反而更加努力工作。

1999 年,吕燕终于等来了机遇,她遇到了她人生中的贵人,造型师李东田。他特意为吕燕的独特长相设计了极具个性的雀斑造型,拍摄了杂志封面,推出了吕燕第一个经典造型。由此她开启了模特生涯,进入了模特圈。

正是这张极具个性的照片吸引了法国大都会模特公司一个工作人员的注意,请吕燕去法国工作。当时只有 18 岁的吕燕又一次大胆抓住机遇,来到陌生的法国寻求更好的发展,唯一支撑她的就是对将来的希望。

刚到国外非常不适应。不会讲外语,不认识路,没一个熟人,饮食不习惯。与生俱来的自信和活跃让吕燕受益匪浅,她克服了各种困难,在法国大都会慢慢地磨炼自己。她开始了艰苦训练,每天要练 10 多个小时。

功夫不负有心人,2000 年吕燕被时尚杂志《vogue》看中,拍摄了许多时尚大片,同年参加了国际模特大赛,获得了全球亚军的殊荣,这是中国人第一次在国际的模特比赛中拿到的最好的奖项。国内也是热议纷纷,没想到啊,这样一份大奖的获得者竟然是吕燕这个丑小鸭!

从此吕燕的事业一帆风顺,从法国出名,到纽约火爆,最后到成为全球知名模特。

在吕燕前途大好时期,她同时收获了自己的爱情。工作中她遇到了一个法国投资顾问,对他一见钟情,并且吕燕大胆主动追求,2012 年两人生下了一个可爱的混血儿子。

现在,足迹几乎走遍全球的吕燕名望金钱双丰收,在巴黎、纽约都拥有自己的住所,吕燕现在能说流利的英文和法语。还经常在伦敦、香港、东京、米兰等时尚之都出入各种名流聚会。

吕燕没有任何优势，就是靠着自信、敢闯、吃苦的拼劲儿，一步一个脚印，靠自己的努力成就了自己，走上了成功的人生之路。有人说她丑得超凡脱俗，有人说她美得超凡脱俗，不管怎样，她活出了独一无二的自我。

一个乡村的丑女孩从不放弃自我，充满自信，敢于追求美好的愿望，终成国际名模。吕燕简直创造了一个奇迹。我们更没有理由故步自封沉溺于爱情婚姻中，看着丈夫的脸色过日子，委曲求全虚度青春年华，大胆追求自己真正想要的生活。

我们每个人都是独一无二的自我，都应该学会为自己创造新的机会，而不该只是被动等待机会的降临。

丑女自荐当王后

中国古代四大丑女之一的钟无艳，40 岁的老姑娘还未有人愿意迎娶，竟然被齐宣王田辟疆封为他的王后。

你相信吗？40 岁丑得无人愿娶竟然当上了皇后！这听着有点像天方夜谭，也太玄乎了吧。可这就是历史事实，钟无艳的幸福是靠她的自信争取来的。

她一无美艳姿色，二无显赫身世，全凭她自己毛遂自荐，凭出众的才华征服了齐宣王，登上了中国历史的大舞台。

无论春秋还是战国，齐国始终都是一个大国。围魏救赵的战争中，齐国打败魏国一战立威，各国纷纷都来祝贺、朝拜、纳贡。

在这之后，齐宣王有些飘飘然了，既然四海升平了，我也该享受享受了。于是，他天天沉迷酒色，与一帮献媚小人为伍，吃喝玩乐，还挺自得其乐。相国田忌多次劝说无效，不久郁郁而终。田忌死了之后，齐宣王更肆无忌惮了，夜夜笙歌。手下又都是些奸佞之人，报喜不报忧，连边疆战事都瞒着齐宣王。

此时齐国有一位奇女子，即将登上历史的舞台。她就是钟无艳，又名钟离春，据传她师出鬼谷学兵法，一身武艺乃骊山老母亲自传授。

由于钟无艳居住的无盐邑离赵国比较近，经常遭到赵国的骚扰。百姓们苦不堪言，都觉得齐宣王无道。

有一天，钟无艳领着一群姐妹在桑园练功，一群赵国散兵杀了过来。钟无艳领着姐妹们迎击敌人。她的那把百斤重的桑钩神出鬼没，很快就把敌人杀得四散奔逃。

战斗结束后，钟无艳想，总这样下去不行啊，我要去找齐宣王理论一番。

于是，钟无艳单人独骑去齐国国都。齐宣王的宫殿名叫雪宫，是专门修建供齐宣王娱乐的。钟无艳到了雪宫门口，对守卫说："我叫钟离春，今年40岁，还未出嫁。听说大王选美，特自荐来当王后。"

齐国的守卫一看，我的妈呀！这么丑的女人白送我都不想要，还这么厚颜妄想当王后！可在钟无艳的一再坚持下，守卫们还是给通报了，正等着瞧她的笑话呢。

齐宣王正在雪宫里玩乐，听说来了一个丑女要当王后，很好奇就召见了她。齐宣王听钟无艳说自己亲近奸人，空谈误国，很不高兴，就责问："那你说，如何兴邦？"

钟无艳道："空谈只能误国，有疆土才能兴邦啊。我们的土地正在被赵国蚕食，必须夺回来，扩大土地面积才是硬道理。"

齐宣王不愧是大国的国君，是一位有度量、善于听取不同意见的君王，钟无艳的一番话他还就真听进去了。特别是听到赵国经常骚扰边境的事，他发怒了！

因为当时为什么打魏国杀庞涓啊，就是围魏救赵救韩啊。如今赵国不思感激，居然还骚扰我国边境，太不讲情了。更让他生气的是，这么大的事情，怎么跟他一起玩乐的这些朝臣、太监没有一个人告诉他呢？

钟无艳陈述齐国危难，齐宣王佩服她的见识和才能，果真立钟无艳为王后帮他治理国家。可见这位贤明的国君是多么爱惜人才啊！

她的好多利国利民的建议都被齐宣王采纳，她推荐孟子成为齐王上宾，开创了先秦“百家争鸣”的先河。在钟无艳的劝谏下，齐宣王远离了那些阿谀奉承的小人，不再沉迷于玩乐，用心整顿朝政，充实国库，招兵买马，使国力日渐强盛。

田婴当相国之后，钟无艳征得大王同意，她亲自领兵挂帅。从此，她东征西伐为齐国立下赫赫战功。

在封建社会，男权至上，女人的社会地位很低。作为一介女流，钟无艳没有自卑，没有把自己的才能埋没于尘世，心系国家安危，积极主动争取机会，最终贵为一国之母，使自己的人生大放异彩。

在男权至上的封建社会，她们尚切努力争取实现自己的人生价值，现代社会为女性提供了广阔的事业天地，只要你肯努力，你的人生也会越来越精彩。

第二章　问世间情为何物

人非草木，孰能无情！

人类丰富的情感世界主要包括血浓于水的亲情，真诚可贵的友情，痴迷向往的爱情。

亲情是我们一生无法割舍的精神家园，友情是我们成长中的精神食粮。唯有爱情最难把握，令人痴迷陶醉，令人魂不守舍，令人肝肠寸断。

古往今来，我们向往着爱情，我们痴迷着爱情，我们追寻着爱情的真谛，问世间情为何物，直教人生死相许？

爱的真谛

当你心疼一个人的时候，爱，已经住进了你心里。只有心疼才是发自最内心的感受。

亲情对爱的付出不求回报只有无私的付出，这种爱就是亲人之间的爱。这就是亲情，当你无微不至地爱着一个人，你的付出是心甘情愿的，你的付出不求任何回报，只为他高兴，只为他幸福。

爱情总是不期而至，当你爱上一个人时，有时竟然说不清道不明到底爱他什么，总是无时无刻思念着他，渴望着和他长相厮守。身不由己要去关心他，去讨好他，去迁就他。为他付出了无价的青春，为他付出了大量的心血，漫漫长夜为他思念成河。

爱情是两情相悦，不是一个人的心甘情愿。爱情对爱的付出是渴求得到对方同样的回报，这种爱就是男女之间的爱。爱情从来都不是一个人的事情，爱是相互的，感情是两个人一起经营的，靠一方来爱，一味地付出别人不珍惜到头来伤的是自己。

当你的付出得到对方同样热烈的回报，你就拥有了一份甜蜜的爱情，感到自己是这世上最幸福的人儿！

当你的付出没有得到对方相应的回报，那就是他辜负了你的爱，他背叛了你的爱。由此你恨他薄情寡义，你恨他忘恩负义！由爱生恨，爱有多深恨有多深。

爱情，一厢情愿付出的越多，受到的伤害越深。完美的爱情是有情人相互付出，相互回报，忠贞不渝。当然这个付出和回报不是等价的，有时有多寡之分，这就需要相互包容，相互体谅。

相爱容易，一生相爱又是何其的难！

多少人满腔痴情投身于爱情，爱得轰轰烈烈，爱得死去活来，说好了一生相爱，说好了一生相守！

可叹落花有意流水无情！谁也不知是何年何月何日，你的爱人不再爱你，爱情会悄然离去，多少人被爱情伤得伤心欲绝，被爱情伤得肝肠寸断。

当爱情来临时就像电闪雷鸣让人头晕目眩，当爱情离去时就像一阵风抓也抓不住。

一生只爱你一人，这是多少人渴望追寻的完美爱情。

只羡鸳鸯不羡仙，这是多少有情人的共同感慨。因为鸳鸯选择伴侣后，不离不弃一生相守，动物界忠贞不渝的爱情令我们人类羡慕和向往。

在自然界动物当中，白头翁、企鹅们的“夫妻”生活可以说是无可挑剔的“一夫一妻制”，在它们中间绝没有任何妻子红杏出墙或丈夫寻花问柳的风流韵事发生。在它们的一生中，雄性和雌性的恩爱会保持一生。

在自然界的动物世界中都存在着一生忠贞不渝的感人爱情，而作为拥有丰富感情思想的高级动物的人类，在道德法制准则“一夫一妻制”的规范下，也难以达到我们苦苦追求的“一生只爱你一个”的境界。不知道这是人类的悲哀还是人类的进步？

我苦苦思索良久，唯一的答案就是想必动物夫妻终生恩爱是因为它们喜欢双方熟悉的气味，习惯了双方的肌肤之亲，习惯了双方的相互陪伴。

而人类具有丰富的思想感情，对爱情的要求更高级，不单是双方的容貌吸引，肌肤之亲，相互陪伴，更需要双方在精神情感方面的交融，心灵的沟通，思想的共鸣。

许多女孩搞不清爱情与情欲的区别，简单地认为男人对自己的温存就是爱。双方由于容貌的吸引，肌肤之亲的结合只能称为情欲之恋，在冲动驱使下的情爱是经不起时间考验的，暂时的温暖和安慰只会是昙花一现。

此生，我们孜孜不倦追寻一个我真爱的人和真爱我的人，既是生活伴侣更是精神伴侣，恩恩爱爱，白头到老，我们的人生便圆满了。灵与肉的完美结合，才是爱情的最高境界。

生死之恋

人的一生中最令人幸福的不是名利，不是富足的生活，而是得到真爱，拥有真爱。爱才是慰藉心灵的最好良药。

历史上的顺治帝与董鄂妃的生死之恋传为千古佳话，顺治帝堪称中国历史上最痴情的皇帝，他对董鄂氏的情，刻骨铭心，生死相随，让人断肠。

她生性温婉贤惠，柔情似水，国色天香，是顺治帝的红粉知己。顺治十三年董鄂妃进宫仅一月有余就被封为贤妃，不到五个月，顺治晋封她为皇贵妃，地位仅次于皇后，行册封礼时，顺治帝还破格大赦天下。按照常例，皇帝只有在册立皇后之时才会颁布诏书诏告天下，董鄂妃可谓是创了立皇贵妃也发诏书的先例。升迁速度之快，中国历史少见，足见顺治帝对董鄂妃极其宠爱。

据当时的传教士汤若望记述，顺治皇帝在没有遇到董鄂妃之前，也曾纵情于声色，董鄂妃进宫后，少年天子忽然转了性子，专情起来。董鄂妃不仅生得美貌异常，而且端静温柔，生性善良。最难得的是，董鄂妃还是一位极有才情的女子，琴棋书画样样精通。对于顺治来说，这就是他内心寻寻觅觅的知音，他很欣赏这样一个美貌与才情俱佳的女子。

董鄂妃还亲自打理顺治的饮食起居，顺治的饭菜她必先尝过。顺治常常批奏折到深夜，她都会陪在身边。皇帝生病时，她便一直待在皇帝的身边伺候。

董鄂妃和顺治帝感情真挚，并非只是卿卿我我的小夫妻，而在于精神世界的相互沟通、相互促进。董鄂妃时常陪伴在顺治的身边劝谏他，处理政务要服人心，审判案件要慎重。在她陪伴顺治皇帝身边的时候，顺治皇帝从未怠慢国事。他励精图治，安邦治国。注重汉文化，且倚重汉官，整饬吏治，推行与民生息的政策，清代初期从他亲政开始逐渐鼎盛起来。

顺治帝热爱写诗，并极具才情。痴迷佛学，闲暇时他和董鄂妃二人赋诗作画，参禅悟佛法。二人志同道合，顺治终于找到了一个情投意合的精神伴侣。

董鄂妃生下皇四子，顺治欣喜若狂。尽管已有其他嫔妃为其生下了 3 个儿子，但顺治帝在公开场合和诏谕中仍将皇四子称作“朕第一子”，接受群臣朝贺，举行颁布皇第一子诞生诏书的隆重庆典，大赦天下，大有册封太子之意。爱母深切，必宠其子，都包含爱屋及乌的深情。

无奈皇四子不足百日不幸夭折，痛失爱子董鄂妃深受打击一病不起。董鄂氏生病期间，顺治帝抛下朝政，求医祷告，日夜相伴，无奈贵为天子的他也无回天之力。顺治十七年，董鄂氏在承乾宫病逝，一代佳人香消玉殒，年仅 22 岁。

爱子爱妃的接连死去，对顺治皇帝来说是无比沉重的打击。身为天子，拥有至高无上的权利，却无法挽留住心爱之人的生命。

那种悲痛与绝望使顺治皇帝哀痛至极，为了追封董鄂妃为皇后，顺治帝闹到寻死觅活的地步。按照传统，妃嫔只有在所生育的儿子继承了皇位后，才能母以子贵被尊为皇后。但为了避免失去理智的顺治帝做出过激的举动，孝庄皇太后被迫追封董鄂妃为皇后。

帝王身边，往往都是佳丽三千，他们很难专情于某一位女子，所以君王的爱情尤为可贵。顺治帝以从未有过的炽烈感情倾注于董鄂妃，在顺治心中董鄂妃具有独一无二的地位。

董鄂妃对顺治为何会有如此强烈的吸引力？顺治皇帝为何如此深爱着她？

在顺治帝亲手撰写的饱含深情、长达4000字的《端敬皇后行状》悼文中，顺治帝表达了深爱董鄂妃的原因：深情赞美董鄂妃的品德言行和她对书法精通以及对禅学的深入领悟。

顺治帝一生喜爱书法绘画，崇尚禅学，董鄂妃和顺治帝在文化爱好上志趣相投，彼此之间有说不尽的共同话题，他们的心灵是相通的，他们的精神境界是统一的。

董鄂妃死后，顺治帝深陷于对她的哀痛思念中，积郁成疾，精神和身体都几近崩溃。董鄂妃既是顺治皇帝的爱妃，更是他的知己，董鄂妃的逝去，使他的精神支柱轰然坍塌，他万念俱灰无心留恋荣华富贵、江山皇权。在董鄂妃去世不到半年就身染天花，年仅24岁的痴情少年天子福临溘然离世，追随亡灵董鄂妃而去。贵为帝王的福临对爱情痴情专一令人动容！

被追封为皇后的董鄂妃与顺治帝合葬于清孝陵。

作为女人的董鄂妃，虽然在大好的青春年华病逝，虽然只和自己的爱人恩爱相守短暂的四年时光，但她是幸福的女人，她得到了好多女人一生也得不到的恩宠，她得到了爱人对她至死不渝的爱情。她死在了爱人温暖的怀里，她和自己的爱人生同床死同穴。她的爱情虽然短暂却是如此的完美。

顺治帝与董鄂妃的爱情是灵与肉的完美结合，堪称爱情的最高境界。

真爱无敌

40 岁的马克龙在 2017 年的法国总统竞选中胜出，当选为法国历史上最年轻的总统，而马克龙 64 岁的妻子布丽吉特幸运地成为法国第一夫人。

总统马克龙和妻子布丽吉特的美丽爱情让全世界为之钦羡！

帅气、多金、睿智的法国总统马克龙对爱情的执着也让我们相信，这个世界上绝对有美好的爱情，这种爱情和美貌无关，和年龄无关，和金钱无关，和地位无关，纯洁如雪，坚韧如冰，能绽放出令人心眩的光芒！

当年马克龙 16 岁时，在亚眠读高中时爱上了已婚已育、大他 24 岁的老师布丽吉特。

她的课格外精彩生动，深受少年们的喜爱。文学赋予了她淑华的气质，学生们评价她为杰出的老师和一个才华非凡的女人。

布丽吉特坦白说，她是被马克龙的写作才华迷住，经常当着所有人的面念马克龙写的诗，经常在课堂上表扬马克龙，拿他做榜样。她的赞扬给予少年马克龙无限的奋进动力。此外，多才多艺的马克龙还会弹钢琴、跳探戈，让布里吉特对他好感倍增，她非常欣赏他的才华。两人对文学的共同追求与爱好，让他们对彼此从欣赏到爱慕。

布里吉特当时已是 3 个孩子的母亲，还有过一段失败的婚姻。她的一个女儿还是马克龙的同班同学！不过，对于马克龙来说，这些并不影响他对老师的热切的爱。这样的爱情需要更大的勇气，他承受着来自家庭、社会、世俗的种种压力。

父母逼迫他转学到巴黎，以终止这场不同寻常的师生恋。在转学前往巴黎读书前，他对老师布丽吉特说："我会回来娶你的。"

2007 年，这段师生恋终于修成正果，当时，布里吉特已经 54 岁了，是 7 个孙子的外祖母了，时年 30 岁的马克龙一结婚就成爷爷了。

但是正值壮年的马克龙深爱着日渐衰老的妻子，“我没有将她藏起来，她将永远存在于我的生活中。”婚后在日常生活中他俩形影不离，一同享受美食，一同浪漫旅游。在马克龙担任法国经济部长时期，妻子布丽吉特时常陪同马克龙出席各种宴会。正如《巴黎竞赛报》形容他们是彼此一生的真爱。马克龙和布丽吉特的忘年恋是思想的共鸣，是灵魂的交融，是真正的精神伴侣。

马克龙在不久前竞选总统的演讲中也告诉他的支持者们：“我亏欠她很多，有她才有今天的我。”是两人的爱情让马克龙产生无限进取的力量，可见爱情的力量是多么伟大！

为了爱的誓言，为了在爱人心中成为永远优秀完美的自己，马克龙发奋图强，不断地向自我挑战，不断地攀上事业高峰。马克龙 27 岁到法国经济部任职，30 岁辞职，在罗斯柴尔德和席埃银行任投资银行家，促成了雀巢和辉瑞之间的著名交易。马克龙 24 岁加入法国社会党，29 岁结识奥朗德，2012 年随当选为总统的奥朗德进入爱丽舍宫并被任命为副秘书长，2014 年被曼努埃尔·瓦尔斯总理任命为经济部长，直至 2017 年当选为法国总统。

爱情的魔力太神奇了，有颜有钱又有权的马克龙对年老色衰的布丽吉特不离不弃恩爱如初，马克龙简直就是世间极品好男人、好老公！

世界上最幸福的女人就是法国总统夫人，布丽吉特得到比自己年轻 24 岁又有才华帅气的学生的真爱，已经够自豪的了，现在又成为法国总统夫人。

爱让情人眼里出西施，爱让人幸福，爱让人奋发向上，爱能创造奇迹！能得到这样的真爱此生无憾。

让爱情长期“保鲜”

爱情是有生命力的，它就像一盆美丽芬芳迷人的玫瑰花，要想让爱情之花永开不败,需要经常耐心细致地“浇水、施肥、松土”,就是要用心营造爱情的成长环境。要想让爱情长期“保鲜”,需要不断地给予爱情新鲜的养分。

长久的爱情需要新鲜的事物不断激发, 这是有科学依据的。科学家通过实验证明多巴胺是一种会令人情绪高亢的神经传递物质,增加这种物质则令人兴奋,在爱情中尤为突出,能让人一时处于疯狂状态。

新鲜感能触发脑中的多巴胺, 激发出受到吸引的感觉。夫妻就要想办法让多巴胺系统重新寻找和适应新的目标,希望夫妻经常说些不同的甜言蜜语,时不时送些新礼物,变换新发型,换穿不同颜色款式的新衣服,能够激发浪漫的热情,共同去做些新奇的事情, 让新鲜感触发脑中的多巴胺系统,激发出受到吸引的感觉,就可以重新激发爱情的火花,让爱浴火重生。

所以在爱情婚姻生活中, 需要夫妻双方不断接触新事物,更需要夫妻双方相互学习共同成长进步, 精神世界的共同成长尤为重要。

好多恋人结婚后,夫妻双方不注重相互交流学习,尤其是女性容易把全部精力放在家庭生活中,没有机会接触社会,没有精力发展自己的事业,这样容易造成故步自封。而在外打拼事业的男人眼界逐渐开阔,阅历逐渐丰富,天长日久夫妻二人共同语言越来越少,思想交流有了隔阂。夫妻二人只有肉体的接触,缺乏心灵的沟通,不能达到灵与肉的完美结合,爱情之火就会逐渐熄灭。

爱的升华

人类作为要食人间烟火的凡夫俗子,每个人都不得不融入到社会潮流中,我们不能只为爱情的得与失而疯狂或消沉,因为我们肩负着上要赡养老人,下要抚育子女的责任,我们每个人都渴望得到家庭的认可,社会的认可,以体现我们自身活着的人生价值！

我国著名表演艺术家秦怡曲折坎坷的一生经历对亲情爱情友情做出了最好的诠释，她把儿女私情的爱升华为博爱。

秦怡的一生是她用爱浇铸，她内心充满了爱，爱亲人爱朋友爱事业爱生活，爱让她从内到外充满魅力，爱让她活得有追求有价值。

周恩来总理称秦怡是中国最美丽女性！施瓦辛格说秦怡是他崇拜的中国影星。

秦怡是中国的十大女杰、是好莱坞表演艺术中心终身成就奖获奖者。

爱情:需要忠贞

爱情是圣洁的，容不得任何玷污。

曾经被周恩来称赞是中国最美的女性，现在被大家称赞是不老的女神，她就是已经95岁高龄但美貌依旧的秦怡。

窈窕淑女君子好逑。秦怡这样一位绝代佳人应该有多少男人想把她捧在手心，又有多少男人想对她深深的爱恋！想必她一定是拥有甜蜜的爱情美满的婚姻？

但是令人扼腕叹息的是，事实并非如我们想象的那样美好，她的情路坎坷，她的婚姻不幸。

1939年正当秦怡在表演舞台上崭露头角的时候，因为参演著名导演何非光执导的《好丈夫》认识了当时在电影界很有名气的美男子陈天国。他身材魁梧，潇洒风流。

自从见到秦怡后，他喜欢上了清纯美丽的秦怡，并处心积虑接近她想占有她。

有一天他谎称大家一起去爬山，信以为真的秦怡来到山上并没有见到其他人，只见陈天国一人在山上。他一把拉住正欲离去的秦怡，跪在地上向她求爱，“我对你一见钟情，认识你后我夜夜思念着你，想你想得我食不甘味，夜不能眠，我才知道爱一个人是多么煎熬……”

从没谈过恋爱受到惊吓的秦怡回宿舍后一病不起，这期间陈天国到处宣扬他和秦怡相爱了，并发了结婚请柬，别人还以为秦怡傍上了明星大腕陈天国。

当年才 17 岁的秦怡还不懂什么是真正的爱情，对男人的了解更没有经验。面对这阵势，只有招架之功，没有还手之力，就这样秦怡稀里糊涂匆匆走进了婚姻生活。

谁曾料到陈天国却是个家暴狂，更可气的是在他俩新婚第二天喝酒喝得烂醉如泥的陈天国嫌她开门慢了些，用雨伞劈头盖脸打秦怡。他经常喝酒，似乎永远都是个无法清醒的醉鬼，在家里抓住什么东西就用什么打，有时还在大街上追着打秦怡。忍无可忍的秦怡准备分手，谁知她却有了身孕，为了孩子她只得忍耐着。

生了女儿后秦怡身体很虚弱，她不得不把女儿送给奶妈照顾。由于没钱买奶粉和付抚育费，奶妈又把孩子送回来了。嫌养孩子麻烦的陈天国当时一把抱起孩子要送给别人，极度愤怒的秦怡彻底认清了这个渣男的真面目，她拖着病体抱起女儿离开了家到单位宿舍去住。

这段不幸的婚姻勉强维持了 5 年后结束了。秦怡感到自己从肉体到精神都得到了解脱，又可以全心全意好好干事业了。

一分耕耘一分收获，勤奋努力的秦怡在演艺界取得了可喜的成绩。1941 年秦怡和白杨、舒绣文、张瑞芳被称为抗战大后方“四大名旦”。

1946 年除夕，秦怡经朋友介绍认识了当时已是“电影黄帝”的金焰。秦怡 9 岁时就看过金焰演的电影，对他很崇拜，金焰容貌英俊，多才多艺，他比秦怡大 12 岁，两个人都互相很赏识对方，成了好朋友。

大家都很看好秦怡和金焰这对郎才女貌的结合，热心地撮合这桩好姻缘，著名剧作家吴祖光忙前忙后张罗他俩的婚事。

25 岁的秦怡对爱情重新怀着美好的向往和憧憬走进了第二次婚姻生活。

秦怡和金焰的婚礼很热闹，名流云集，“文坛泰斗”郭沫若担任他俩的证婚人，一时他俩的结合被称为银坛双翼，传为佳话。

由于秦怡和金焰都曾各自经历过一次婚姻，这次两人都很珍惜这份感情。婚后两人甜蜜恩爱，一年后儿子金捷出生了，一家人度过了一段幸福美满的生活。

新中国成立后，努力工作的秦怡在事业上蒸蒸日上，出演了多部影视剧，凭着精湛的演技、倾情的投入，她塑造了一个个浩然正义的革命女杰和进步的新女性形象，成为新中国的明星演员。

秦怡的丈夫金焰被上级任命担任了话剧团的团长，从事了自己并不擅长的行政工作，没有演出机会，不能施展他的表演才能和特长，他心里很失落，但他性格内向不主动找领导谈。看着妻子热火朝天忙于演出，自己只能日复一日重复干着枯燥乏味的工作，他们夫妻之间的共同话题越来越少。

人生难得是欢聚，唯有别离多。秦怡经常有演出任务，夫妻俩离多聚少，金焰有些失落和寂寞，变得郁郁寡欢。

在姐姐秦怡的帮助下妹妹秦文也走上了演艺道路，秦怡很喜欢这个比自己小 5 岁的妹妹，像疼自己的孩子一样疼爱着她，当年 20 多岁风华正茂的秦文也经常住在姐姐家。

世事总是难料，当朋友告诉秦怡说金焰出轨了，秦怡根本不相信这是事实，以为是谣言。当她质问丈夫金焰确认事实真相时，她悲痛欲绝！

对一切事情都追求完美的秦怡无法原谅丈夫对他俩感情的背叛，她提出离婚时，丈夫金焰坚定地说："我心里只有你，我搬出去住可以，但我决不和你离婚！"

为了不让家庭矛盾扩大，为了亲人的声誉，为了儿子，为了不影响事业的进步，太多的无奈，秦怡独自吞咽着痛楚的泪水，只能选择了不离婚，虽然和丈夫住在同一屋檐下，但他俩过起了分居生活。

一段本该千古传佳话的郎才女貌好姻缘就此分崩离析。他俩婚姻虽然维持了 37 年之久，但真正只度过了 7 年的恩爱时光，爱情已悄然淡去，生活总得继续下去，家庭还得维系，两个倔强的人最后 30 年过着同屋不同床的分居生活。

婚姻：需要担当责任

婚姻是爱情的延续，更是一种责任。

喜欢喝酒的金焰得了胃病，有次在西藏拍戏，为了抵御风寒，他常常喝酒暖身，导致胃病加重了，最后做手术切去了一部分胃，不幸却造成了瘫痪，这一病就在床上躺了 20 年。

虽然秦怡和金焰有夫妻之名却无夫妻之实，但秦怡是一位善良的女性，她也是一个对婚姻相当负责任的人，在丈夫金焰身陷病痛时，她不离不弃 20 年如一日照顾着，尽到了一个做妻子该尽的职责。

1983 年在丈夫金焰病重弥留之际，她在他的床边守了 31 个小时，已不能说话的丈夫定定地望着妻子秦怡的脸，此时的他多么想把妻子秦怡善良美丽的容颜永远定格在他心里，他多么想对忠贞的妻子说句悔恨的话，为自己 30 年前犯下的错忏悔道歉！

此时无声胜有声，唯有泪千行。

两行热泪顺着丈夫金焰的眼角流淌，善良的秦怡为他轻柔地拭擦泪水，丈夫金焰用手抚摸着妻子的手指，久久不舍。这是他对妻子的忏悔感激，爱怜不舍！一代影帝怀着深深的遗憾离开了亲人，留给秦怡的是更多的遗憾。

婚姻的维持需要责任，爱憎分明的秦怡对没有爱情的婚姻没有逃避责任，勇敢地用她柔弱的肩挑起了责任的重担。

她曾经同时照顾着 3 个病人：老弱病残的大姐，瘫痪在床的丈夫，精神失常的儿子。长期处于这种精神和身体的双重压力下，试问谁能承受得了？一般人不是累垮就是疯了。难以置信秦怡是怎么挺过来的。谁有她这般坚强！谁有她这般乐观！

亲情是无私奉献

不求回报，无私地付出，亲人的幸福就是她最大的心愿。

1922 年出生于上海的秦怡兄妹共 9 人，秦怡是父母的第 6 个孩子。

1938 年才 16 岁的秦怡从上海中华职业学校毕业后，为了抗战奔赴重庆。有次她和朋友去看话剧，正巧导演史东山和应云卫相中了美丽动人的秦怡，这次偶遇让她从此走上了演艺道路。

8 年后秦怡返回了上海，并在上海走上了电影大银幕。在艰难时期，她担起了养活全家 11 口人的重担，为了挣钱她不停地接戏演出。

在"文革"中父母相继去世，秦怡尽心尽力照顾着姐妹，后来哥嫂也离世了，秦怡把两个侄儿先后抚养成人，她大姐一生未嫁，一直和秦怡终生相伴，她为大姐养老送终，98 岁的大姐安详地离去。还有妹妹秦文的女儿邓星也是秦怡抚养长大的。对于亲人，秦怡都是竭尽全力无私奉献着。

秦怡一边工作一边还要照顾一双儿女，女儿斐斐是她和前夫陈天国生的，儿子金捷是她和丈夫金焰生的。

由于经常要出外演出，儿子从小得不到很好的关爱照顾，慢慢性格变得内向孤僻。在儿子 16 岁既将考高中时，秦怡发现儿子行为异常，后到医院检查得知儿子患有急性轻度精神分裂症，大夫说治愈希望很小。

秦怡感到天快塌下来了的压抑，可怜的儿子，妈妈拿什么拯救你啊？她唯一能做的就是给儿子更多的母爱。

从此后，秦怡给儿子洗衣、洗澡、理发、刮胡须，操心儿子的饮食、起居，样样亲力亲为，直到儿子 59 岁因病离她而去。这是 2007 年，已是 85 岁老人的秦怡白发人送黑发人，是多么揪心的痛！

59 年的母子情，59 年无怨无悔的付出，这就是无私的母爱。

金捷是不幸的，病魔折磨得他不能像正常人一样生活工作，金捷又是幸运的，因为他有一位爱他、疼他、陪伴呵护他一生的伟大母亲！

当儿子犯病时，他追着打给他吃药的妈妈，儿子个头比她高，总是打她的头，秦怡想跑出去躲避，又怕他会跑出去打别人，无奈的秦怡只能双手抱头蹲下身去让儿子打她的背部，一边哀求着："别打伤妈妈的脸，妈妈还要演戏呢！"

可怜的孩子，可敬的妈妈！

由于儿子的病，身边总是离不了人，秦怡演出时会带上儿子一起去。

金捷从小喜爱绘画，秦怡给他请专业老师指导。和妈妈一起到大自然中写生绘画是儿子金捷最快乐的时光。

在苍翠的树木前，在蝶飞蜂舞的花丛前，在小桥流水的公园景观前，时常有一对母子一会儿兴致盎然地观赏，一会儿忘情地低头绘画。这正是秦怡和儿子金捷最开心的时刻，他们母子用心感受大自然的美，用情描绘祖国的大好河山。

著名国际影星阿诺·施瓦辛格用高价25000美金通过拍卖买走了秦怡儿子的画作《衡山公园写生》，他赞美秦怡是位伟大的母亲，培养弱智儿子画画是一个奇迹。

虽然儿子生活不能自理，甚至有时因发病不能自控打骂她，无论她多苦多累，只要儿子高兴时，温情地叫她一声妈妈，她就心满意足感觉很幸福。

秦怡说她和儿子在一起的时光是她最值得回忆的宝贵时光。

当她工作劳累一天回来时，儿子会从冰箱拿出饮料对她说："妈妈喝。"她心中好温暖。

当她有时和大姐拌嘴时，儿子会轻轻捶着她的肩膀机智地提醒她，"妈妈是党员，妈妈是党员！"她和大姐都被儿子逗乐了，也不生气了。

每当她身体不舒服或生病时，她不由得想到如果自己不在儿子身边了，可怜的儿子该怎么活下去啊？她怜爱地看着儿子说:“如果妈妈死了,你怎么办呀? ”

“妈妈你不会死的。”他又对妈妈说,“你死了我也去死。”……

当儿子病逝后,秦怡几乎活不下去了,她每天回忆着和儿子在一起的点点滴滴,越想越伤心,她每天以泪洗面。

无私的付出不求回报,这就是血浓于水永远割舍不断的亲情。

友情:真诚坦荡

她用她的人格魅力感召着越来越多的朋友们, 她善良正直,她真诚坦荡,赢得了更多人的爱戴和尊敬。

聪慧美丽的秦怡人缘极好,各行各业的朋友很多。她对待朋友真诚坦率,不计个人得失,尽力帮助需要帮助的朋友。

如今 90 多岁的秦怡风采不减当年, 依然活跃在表演舞台上。她还担任了由电影协会创办的上海一家电影公司的董事长,就是因为她的朋友多交际广泛,她在文艺界的影响力非同凡响。

秦怡讲过去他们拍戏没有片酬,只拿固定工资,哪里需要就到哪里拍戏,无论加班加点都没有额外报酬,但她每一次的演戏都是用心用情去塑造每个剧中人物。

现在讲求名人效应,但凡有点名气的演员艺人出场费一个比一个高。非常有名望的秦怡却依然保持着高风亮节的情操,并不在意有没有出场费,只要有人请她,只要朋友需要她,只要对方做的事情都是有利于国家和社会的,她都不会推辞,欣然前往。

事业：痴情追求

渴望追求浪漫甜蜜的爱情，却被爱情伤得痛楚，婚姻的不幸、生活的磨难并没有使秦怡消沉自暴自弃，她坚强地面对人生，一边努力工作，一边照顾着家中 3 个病人。

所有的担子都要她一人扛，作为肉体凡胎的人，又不是铁打的，再坚强的人也会被累垮。日久积劳成疾的秦怡先后患上了脂肪癌、甲状腺癌、肠癌，共做了 7 次手术动了 7 次刀，对于病痛的折磨她依然挺过来了。

中年丧夫，晚年丧子，面对亲人一个个相继离去，秦怡化悲痛为力量，90 多岁高龄依然笔耕不辍，编写剧本《青海湖畔》。每天坚持写将近 4000 字的速度，与时间赛跑，为了让剧本创作更贴近现实，她亲自到青海考察。

94 岁的秦怡神采奕奕地登上海拔高达 3800 米的青藏高原，开始拍摄由她自编自演的电影《青海湖畔》。在剧中她担任 60 岁的女气象工程师，在很艰苦的条件下，献身国家的气象事业。

秦怡一生热爱着演艺事业，八十载的执着与付出，换得了硕果累累：1983 年主演《上海屋檐下》获得第三届全国优秀电视飞天奖特别奖，本人荣获全国首届金鹰优秀女演员奖，1995 年获得中国电影世纪奖最佳女演员，2009 年获第 18 届金鸡百花电影节“终身成就奖”。在上海浦江镇召楼古镇建有“秦怡艺术展示馆”，这是我国迄今为止以个人命名的第一座艺术展示馆。

作为一名演艺界的知名人士，秦怡生活简朴，平凡得像任何一位家庭妇女，亲自做家务，亲自上街购买米面油盐醋，和商贩讨价还价，过着省吃俭用的普通生活。

作为一名演艺界的知名人士，秦怡从未做过商业广告代言。谁都知道做广告代言来钱轻松容易，但她坚守高尚的情操不被金钱诱惑，不是她不缺钱，她比谁都需要钱，因为她家中有年老体弱的姐姐，有疾病缠身的丈夫和儿子，她一直住在旧房子里……

在2008年四川汶川发生地震灾难时，经济状况并不宽裕的秦怡捐出了20万元。

她信守君子爱财取之有道，她有一颗善良的心，有强烈的社会责任感，她时刻记着为广大观众负责。这是多么宽广的胸怀多么博大的爱！

她承受了太多太多的苦难，她内心有太多的遗憾：没有拥有完美的爱情，没有享受儿孙满堂的天伦之乐。但她内心充满了爱，爱让她更加完美。她美丽得像天使，她善良得像天使，她坚强得像天使！

第三章　男女对待爱情的不同心态

男女之情是千年不变的话题，爱情是人人渴望的情感追求。

痴情女子古来有，专一男儿有几人！

在男人的生命旅程中，男人最看重的是事业功名，爱情婚姻不是他们的全部。

男人对爱和性，是分得很清楚的，他们对于自己爱的女人，关心着保护着宠爱着。可是对于自己不爱的女人却只会虚情假意哄骗玩弄。

女人是因为爱上一个男人才会献身于他，心中的位置就被这个男人满满占据，很难再容纳别的男人。女人要的很简单，一份爱，贴心和在乎而已，就能心甘情愿陪男人吃苦。世界上最单纯最好哄的就是女人，一份温暖的爱，一句知心的话她就愿意一生一世追随陪伴着男人，心甘情愿为他生儿育女，陪伴着他嬉笑怒骂渐渐老去。

女人对待爱情婚姻是十分投入的，爱情婚姻占据了女人生活的首位，为了爱情婚姻可以放弃工作可以放弃朋友，女人是用生命去爱。女人对家庭更是投入了全部心血，婚姻的美满家庭的幸福几乎是每个女人一生的追求寄托。

男人为了性而爱，女人为了爱而性，男人的钱包在哪里心就在哪，女人的性在哪里心就在哪。

女人喜欢怀旧，男人更爱新欢。往往一段感情结束后，男人在笑，而女人在哭泣；男人早已忘记，女人却还在念念不忘；男人已有新欢，女人却不愿梦醒。

为爱守望一生

恩爱三日
情定终身
与君一别
生死两茫茫
山无棱
水无痕
天地合
乃敢与君绝

日复一日
年复一年
花开花谢
日月轮回
剪不断相思情
望穿秋水盼君归

张福贞和丈夫乔庆瑞新婚三天三夜的短暂恩爱聚首，后因战乱天各一方。张福贞怀着对爱情的忠贞信念，从青丝少女盼到白发老妪，在无尽的思念中终于盼到了和丈夫相聚的美好时光。

出生于 1915 年的张福贞和丈夫是双方父母定的娃娃亲，那时男女终身大事是由父母之命媒妁之言而定，双方未曾谋面就已入了洞房。

在洞房花烛夜，丈夫乔庆瑞被新娘子张福贞的美貌深深吸引，两人一见钟情，相谈甚欢，海誓山盟永不离弃。

世事难料，相别依依。夫妻二人三天三夜如胶似漆恩爱缠绵，蜜月还没有度完，无奈卢沟桥战事发生，身为军人的丈夫乔庆瑞挥泪告别了父母家人和新婚娇妻，奔赴战场。

张福贞在家替夫尽孝，勤劳持家，侍奉公婆，抚育弟弟子侄。

她在对丈夫无尽的思念中度过了一个个日日夜夜。

白日她总是望着村头的路口，期盼着丈夫的身影出现。

夜晚她每次用心铺好丈夫的被褥，期盼着丈夫风尘仆仆赶着夜路归来。

她无数次回忆着新婚夫妻相聚的三天三夜的点点滴滴，每一句话、每一份情都记忆犹新。

她无数次想象着和丈夫相聚的场景：她扑到丈夫的怀里，丈夫也深情地拥抱着她，两人有诉不完的相思苦……

日复一日，年复一年，张福贞度过了无数的忙碌平淡岁月，在无尽的等待期盼思念的煎熬中，她为爱坚守着。

在我国"歌词泰斗"乔羽先生的努力下，他的二哥乔庆瑞终于在 1988 年回家探亲。

听见门外的小轿车响动声，已得知消息的张福贞知道丈夫真正回来了，自己苦苦期盼了半个世纪的丈夫终于回来了！

她兴奋紧张地整了整衣衫，又对着镜子捋了捋满头白发，她多么想扑到丈夫怀里，可是太紧张腿却不听使唤，跨门栏时跌倒了，看到丈夫拄着拐杖已到眼前，她急切地半跪半趴想扑到丈夫怀里，乔庆瑞蹲下身两人抱头痛哭着。

离别整整 51 年的夫妻终于相聚了，两人整日形影不离，这迟到了半个世纪的夫妻情显得尤为珍惜！

相见时难别亦难。甜蜜短暂的一个月相聚时光转眼即逝，丈夫又要离她而去返回台湾的家。只因当年丈夫随国民党部队到台湾后，和家乡音讯不通，他又在台湾娶妻生子了。

孤独终老一生的张福贞说："此生我能见他最后一面已知足了。"多么朴素的爱、多么深沉的爱！

若要两情长久时，又岂在朝朝暮暮！

乔羽先生感念二嫂张福贞为爱付出一生的痴情执着，创作了一首温情感人的歌曲《思念》，毛阿敏深情款款的演唱使这首歌传遍了大江南北。

你从哪里来
我的朋友
好像一只蝴蝶飞进我的窗口
不知能作几日停留
……

张福贞凄美悲壮的爱情故事充分说明了女人对爱情的痴情专一，女人是用生命来爱的，一生一世只爱一人足矣。

难得有情郎

女人往往是天真的，她们想当然地以为只要一个男人还肯和她上床，还有兴趣和她缠绵，那么，这个男人还是对她有感情。其实事实并不是她想的那样，大多数的男人不会排斥女人主动投怀送抱，如果这个女人出于自愿肯和他上床，他会很高兴还有片刻的温柔和承诺，其实这只是一个男人对性欲的渴求，与他心灵深处的感情没有任何的关系。

男人占有欲和征服欲念是极强的，只要有机会，他们就会和不同的女人上床，爱一个女人可以跟她上床，不爱一个女人的时候也可以。不断寻求新的刺激，享受着征服女人的快感，满足着被女人崇拜的虚荣心，但不表示他爱她们，她们只是他生命旅途中的匆匆过客。

女人总会心存幻想，妄图通过和自己喜欢的男人发生关系，而让这个男人爱上自己，这其实根本就是徒劳。如果你们还没有结婚，那么请不要试图用自己的身体做实验，企图让这个男人爱上你，那只会适得其反，反而让他轻视你。

女人和男人的思维不同，女人献身给一个男人后，就会依恋他。但男人一旦得到女人后，反而会渐渐失去兴趣和新鲜感，心里永远挂念着得不到的女人。

大唐“四大才女”之一的鱼玄机美艳绝伦，才华横溢，令无数男人拜倒在其石榴裙下，但至死却没有得到自己的真爱！

鱼玄机原名鱼幼薇，她的父亲饱读诗书，却一生功名未成，幼薇在父亲的教导下，12岁时她的习作就已在长安文人中传诵，成为人人称道的女诗童。

不幸父亲病故，家境艰难，母女俩仅靠着给附近青楼娼家做些针线和浆洗的活儿勉强维持生计。

鱼幼薇的才华和诗作令当时才华横溢的大诗人温庭筠叹服。因此，温庭筠经常出入鱼家，为小幼薇指点诗作，不仅不收学费，还不时地帮衬着无依无靠的母女俩。可惜不久温庭筠离开长安，远去襄阳为官。

情窦初开的鱼幼薇钦羡恩师的才华，感念他的情谊，写诗向他表达了自己的少女情怀。但温庭筠没有表态，他与幼薇的关系，既像师生，又像父女和朋友。

唐懿宗年间，温庭筠回到了长安。一日无事，温庭筠和鱼幼薇师生二人来到城南的崇贞观中游览，正碰到一群意气风发的新科进士争相在观壁上题诗留名，令一旁可叹生为女儿身的鱼幼薇钦羡不已。她也满怀感慨地悄悄题下一首七绝：云峰满月放春晴，历历银钩指下生。自恨罗衣掩诗句，举头空羡榜中名。

这首诗被初到长安的名门之后李亿看到，他非常倾慕鱼幼薇的才华，好心的温庭筠为他们从中撮合。李亿与鱼幼薇一见钟情，他在长安买了一处宅院迎娶鱼幼薇，两个人在一起度过了三个月的甜蜜时光。

不久李亿把原配夫人裴氏接到京城，娘家声势显赫的裴氏就逼着李亿写下休书，把鱼幼薇毒打一顿赶了出去。一心迷恋鱼幼薇的李亿偷偷把鱼幼薇安置在曲江一处僻静的道观，李亿对鱼幼薇发誓：“暂时在此隐忍一下，不久必有重逢之日！”

咸宜观观主为鱼幼薇取法号“玄机”，从此，鱼幼薇就成了鱼玄机。寒来酷往，鱼玄机在道观中苦苦期盼情郎的归来。

几年之后，观主老道姑溘然长逝，另一位与鱼玄机年龄相仿的道姑，和来观修补壁画的画师私奔了。咸宜观中，就剩下孤苦伶仃的鱼玄机一人。

此时无依无靠的她多么渴望心上人李亿的到来，她托人打探方得知她日思夜想的李郎，早已携带娇妻出京，远赴扬州任官去了。

不顾念鱼玄机生死的薄情郎李亿，在他看来，爱情算什么，远没有前途要紧。

被爱人抛弃的鱼玄机痛不欲生，被爱所伤的她自暴自弃，再也不相信山盟海誓天长地久的爱情。

一个弱女子纵使才情满怀，面对凄风苦雨缺衣少食的困境，却也无可奈何。残酷的现实逼迫，使才华横溢的鱼玄机变成了一个放荡冶艳的女人。

鱼玄机在咸宜观中陆续收养了几个穷人家的幼女，作为她的弟子。她在观外贴出了“鱼玄机诗文候教”的告示，一时文人雅士、风流公子纷纷慕名而来，鱼玄机整日与他们品茶谈诗，聊天调笑。相貌英俊的，则被鱼玄机留在观中过夜。

后来鱼玄机对一位乐师陈韪情有独钟，二人经常相会。有一次鱼玄机出门参加春游聚会，谁知陈韪来访，竟和她的侍女绿翘偷欢。

鱼玄机想以真情待她钟爱的男子，谁知却总是被男人负心背叛，痛苦异常的她失手打死绿翘而被处以斩刑，她死时年仅26岁。

一代美女才女，带着无尽的遗恨如流星一般消失在历史长河中。

拥有如此美貌和才情的女诗人，身世飘零，却没有一个男人怜香惜玉，肯付出真情呵护她一生。虽然无数风流才子拜倒在她的石榴裙下，但他们只图和她拥有短暂的男欢女爱，却没有一个男人敢于抛弃世俗娶她为妻真心爱她，诚心呵护她。

对男人绝望的鱼玄机留下了千古流传的名句“易求无价宝，难得有情郎”。

自作多情

和女人相比，男人是理智的动物，他们的想法及行为与女人是完全不同的。女人不要总拿自己的思维模式去思考男人的行为。

我老公的朋友小陈高大英俊，尤其是长着一双像明星焦恩俊勾人的桃花眼，他不管走到哪里都是女孩目光关注的焦点。

有一次他去外省谈业务，在他住的酒店里有位女服务员口齿伶俐，长得还算标致，但不是小陈喜欢的类型。看得出女服务员对自己非常迷恋。借着晚宴喝了几杯酒，热情的女服务员扶着步态不稳的小陈到酒店房间睡觉，当她为小陈盖好被子的时候，小陈闻到她那散发着淡淡清香的茉莉花香水味，刺激了小陈雄性荷尔蒙的爆发，他不能自持一把抱住了女服务员……

第二天在离别的时候，小陈很不自信，似乎感觉他在女服务员眼里矮了半截，愧对她对自己的迷恋和崇拜。回来后他每想起这件事就感觉心里很不爽：没到几分钟就败下阵来，这可是作为男人的羞耻。

过了不久小陈抽空到外省去约见女服务员，她激动地抱住小陈喃喃地说："你一定是爱我的对吗？"

小陈一边胡乱应答着："我爱你……"一边享受着征服女孩子的快感。千万别相信男人在床上说的任何话。

就为了给崇拜迷恋自己的女孩证明自己的雄伟强壮，找回做男人的自尊心，从此后他不想再和自己并不喜欢的这个女孩有任何纠缠。在小陈的概念里这件事就这么简单！

可在女服务员这里，这件事影响了她的一生，因为在情感世界里女人总是爱幻想的。

在第一次他俩发生关系时，她以为小陈只是喜欢她，他们的缘分能不能再续都是个未知数。当小陈第二次专程来和她相见时，她心中确信他是牵挂着自己，他心里是想着她的！尤其是一夜的缠绵，她感觉小陈是爱她的，她已深深地爱上了这个男人。

虽然分别后她再也无法联系到小陈，但她坚信小陈毫无音信是有特殊原因的，他肯定也时时刻刻思念着她，他迟早会回来找她的！从此她活在对小陈无尽的思念和期盼中。

更不幸的事发生了，由于她和小陈的第一次来得太突然，没有采取任何计划措施，她意外怀孕了。未婚先孕的女孩会被众人耻笑，那得忍受社会多大的压力！做人流吧，可痴情的她更不忍心伤害他俩的爱情结晶。

在北上寻找小陈未果的情况下，时间不等人，她肚子里的胎儿一天天生长着，就算自己顶着压力生下孩子，可没有爸爸的孩子让他以后怎么抬头做人？迫于无奈女服务员匆匆嫁了人，没有爱情的婚姻对她是一种痛苦的煎熬。

短暂的拥有意中情人，短暂的男欢女爱，却让女服务员付出了沉重的代价。

现在女孩比较随意，在谈恋爱期间禁不住男友的软硬兼施哀求诱惑，和男友发生性关系同居，美其名留住美好的回忆。恋爱男女如果最终没有幸福地牵手走进婚姻殿堂，那肯定是不欢而散，必有一方受到了伤害，留下的只有痛苦。

小周和丈夫结婚3年了，有一个可爱的女儿。她总感觉日子太平淡了，找不到和丈夫谈恋爱时的激情。

公司里新来了一个帅气英俊的小伙子，和小周成了业务上的搭档。耐不住寂寞的两个年轻人都互有好感，很快成了情人关系。

小周越来越迷恋同事，不愿和丈夫同床。最后丈夫发现小周的婚外情，两人离婚了。

小周感觉解脱了，她高兴地告诉同事，“为了你我离婚了，我现在什么也没有了，只有你了，我们结婚吧！”

“我只想没有负担地和你玩玩，我从来没想过要和你结婚。”同事很快就弃她而去，生怕粘上她会甩不掉。

男人想和你上床并不说明他爱你，男人不想和你上床那一定说明他不爱你；

男人给你花钱也不代表他爱你，男人不给你花钱那一定说明他不爱你；

当男人把自己的工资卡和写有你名字的房本、房钥匙交到你手里时，那一定百分之百说明他爱你。

当你有幸遇到了真心真意疼你爱你的男人，请你一生一世好好珍惜这份感情。

我们女人谈情说爱的对方是男人，要想获得甜蜜的爱情、美满的婚姻，就要学会和男人和谐相处，知己知彼才能百战不殆；只有深层次了解了男人，才能以正确的态度对待我们的爱情和婚姻。明白了男人对待爱情婚姻的心态，女人在恋爱中力求多一些理智，少一些幻想，少一些冲动，不要跟着感觉走，孤注一掷。人生的路很漫长，不能因贪恋一时之欢而毁了一生。

为爱殉情

“男儿当自强”“男子汉大丈夫当以四海为家”这些豪言壮语，表明了男人闯荡江湖求功名干事业的抱负和理想。没有事业的男人就算得到了爱情的滋润，他们的内心也是空虚的，他们的灵魂也是孤独的。

为了男人的尊严，为了男人的荣誉，他们不会在爱情的温柔乡里久留，休养疗伤恢复元气后，男人们骑上他们的战马继续奔向他们魂牵梦绕的征程。

所以我们女性应该明白大多数男人不是以生命去爱，他们的爱情婚姻观是理性的：由爱发展到步入婚姻殿堂组建家庭，家庭是男人们在事业海洋中搏击风浪的避风港，家庭是男人们干事创业的加油站。有朝一日当他们一旦找到了新的加油站、更好的避风港时，他们就会一去不复返。

如果已经失去了一个男人的爱，千万不要失去做人的尊严，卑微迎合去换回他的爱，就算你们依然保持着关系，你们的爱情也已回不到从前。更不要傻到为爱殉情，那将没有任何意义。

著名演员唐国强前妻名叫孙涛，曾是一名部队助理军医。

她从小生活优越、家庭背景不一般。父亲是正军级干部,母亲在部队里军衔职务也不低。

唐国强与前妻孙涛是在1977年初认识的,孙涛被他的帅气深深吸引。那时候他正在拍摄影片《走在战争的前面》,但只是团里的一名临时工。孙涛全心全意爱着他,毫不介意他的临时工身份,两年后,27岁的唐国强与孙涛举行了婚礼。

婚后,唐国强从青岛话剧团调到了八一电影制片厂工作。1983年,女儿出生了,一家三口度过了一段平静、幸福的时光。唐国强婚后的几年十分忙碌,相继接拍了多部影视剧,当时在圈内也有了一定的知名度。

唐国强经常忙于演出,夫妇俩聚少离多。唐国强经过再三慎重考虑向妻子提出离婚。

把全部心血寄托在爱情婚姻中的孙涛由于无法承受离婚这一打击,1990年的大年除夕,年仅35岁的孙涛抛下了才7岁的女儿在卫生间自缢身亡。

1993年,41岁的唐国强再婚,妻子壮丽比他小12岁,是一名藏族演员,也是唐国强的经纪人,婚后唐国强和壮丽先后生了两个可爱的儿子。结婚至今24年,唐国强和壮丽一直非常恩爱,他们的生活幸福美满。

假如当初孙涛能够理智对待感情纠葛,离婚的创伤也会随着时间渐渐淡化,失去了爱情,失去了婚姻并不可怕,还有亲人还有事业,只要坚强地活着,一切都会好起来。如果她还活着,也许她已找到爱她的男神,生活依然美好。

可叹她用情太深,为爱献出了自己宝贵的生命,把伤痛留给了娘家父母亲人。

女性朋友们在追求爱情道路上千万不要被爱情冲昏了头脑,不要迷失自我,要爱得自尊,爱得理智,爱得洒脱。

当拥有了爱情,就尽情享受爱的甜蜜,当失去了爱情,就痛痛快快哭一场,然后擦干泪,依然昂首前行。只要你越来越优秀,爱你的人会越来越多。

第四章　别被爱情冲昏头脑

天真纯情的少女沉浸在爱情的甜蜜与幸福中，热恋中的两人花前月下，情意绵绵，认为有了爱情就拥有了一切。爱情最易冲昏人的头脑，深陷情网的女性智商几乎为零，一叶障目，含情脉脉的眼里只有男朋友的好，看不清男朋友的缺点，也听不进别人的劝导。

但我们都是凡夫俗子生活在世俗中，无论多么浪漫的爱情都终须回归现实。

自古就是痴情女薄情郎！对男人用情太深，只会苦了自己，伤了心，可惜从古至今有几个女人能看透？

女人是感性动物，内心对爱极度渴求，只要男人给予她一点温暖、一点关心、一点逢场作戏的温存，女人就如同沙漠里饥渴已久的旅人，不管眼前这碗水有没有毒，都要一饮而尽。

乐韵16岁凭借电影《大桥下面》正式出道，同年，在电视剧《相逢在大篷车上》担任女主角一举成名。她有一双好看的丹凤眼、迷人的酒窝娇美的容貌，被担任《红楼梦》导演的王扶林定为出演王熙凤最佳人选。

无奈当时乐韵一心沉醉于爱情中，执意要跟男友去香港，婉拒了这个角色。

最后邓婕饰演王熙凤，她凭借剧中王熙凤一角爆红，获得了金鹰奖最佳女配角奖、飞天奖最佳女配角奖等多项大奖。

当年20岁的乐韵情窦初开，根本抵挡不住罗烈的花言巧语和热烈追求，于是深陷情网，对罗烈爱得一塌糊涂，为他放弃了自己的大好前程，一心要跟爱人厮守终生，来到了这个被罗烈称之为梦幻之都的香港。

罗烈是当年邵氏影星，这个风流浪子一生光结婚就4次，爱上这样的渣男，乐韵的悲剧人生无法避免。

罗烈为了占有乐韵而不被外人知晓，刚到香港就把她藏匿在郊区的别墅里，并告诉她：你爱我就要为我着想，不能影响我的事业发展，不但要藏着，还要改名换姓。痴情的乐韵言听计从，在罗烈的安排下化名乐慧，进入邵氏当新人，因为不会说粤语，她只能接拍一些低成本片，担演配角。

只要有爱情，乐韵就感到很幸福。可是天下没有不透风的墙，罗烈的妻子打上门来，如梦初醒的乐韵才知被罗烈欺骗了。更可恨的是，已对她失去新鲜感的罗烈乘机和乐韵断绝了关系。这样无情无义的渣男，毁了一个对爱情充满美好向往的花季女孩。

伤心欲绝的乐韵后悔自己单纯无知被渣男欺骗！从此一个单纯快乐的女孩乐韵活在悲伤的阴影中。

后来母亲申请来港，母女二人租一层楼居住，可是乐韵的微薄收入根本不足以维持两人开销，迫于生计，乐韵出演了几部低档片子，但生活状况并没有得到多大改善。

母亲日复一日抱怨唠叨，感情被欺骗，事业无起色，备受打击的乐韵已无心留恋人世。1996年28岁的乐韵从13楼纵身一跃结束了自己年轻的生命。

嫁为人妇

当你爱一个人的时候，你不就是渴望和对方长相厮守吗？婚姻就是爱情的延续，但不是甜蜜爱情的翻版，婚姻生活中酸甜苦辣样样俱全，婚姻这座堡垒需要责任心强的勇士来守护。

当你与你的爱人手牵手幸福地跨进婚姻殿堂这一刻起，你们的爱情便与柴米油盐锅碗瓢盆日日交融在一起。

请先看看现实中的婚姻生活，给热恋中头脑发昏者泼泼冷水，保持清醒的头脑理智地对待自己的爱情！

想结婚你选对了能与你同甘共苦的爱人了吗？

想结婚你就要准备好担负责任，结婚要为双方未来负责任，结婚要对下一代负责任。

负责任不单靠情感更需要物质条件，而不是一时美好的承诺和想当然的信心。

作为新娘子在大喜的婚宴这一天，人们争相一睹新娘子的芳容，穿着漂亮的婚纱，成为亲朋好友关注的中心人物，好像一位公主一样幸福。

可是嫁为人妇的新娘子走进了新的生活环境，在新的家庭只有丈夫是她最熟悉的人，面对不了解的公公、婆婆、小姑大姑、小叔大伯都得小心翼翼尽量处好关系。

要想在这个新的大家庭中获得主动权、话语权，那得使出浑身解数，小到鸡毛蒜皮家庭琐事，大到钱财的支付。

胆怯的新娘子如果再遇到个不贤惠的婆婆，那就得处处受刁难，忍气吞声，如果不幸丈夫又不理解自己，这整日闹矛盾的痛苦生活真让人压抑！

单纯的新娘子不知道存私房钱，甚至平日包里有点钱也让丈夫用甜言蜜语或威逼利诱统统拿去花。她也不会过问家里的钱财收支，她只管相夫教子，尽到一个贤妻良母的责任。

有的新娘子甚至禁不住丈夫的恳求，反正现在已是一家人，帮助丈夫排忧解难发家致富理应尽心尽力，于是乎奔走求告娘家亲人筹得大笔现金全部交给夫君，并且日日在家期望丈夫能够成就一番事业，早日还清娘家借款，一家人过上富有的生活！

如果真是这样倒是夫唱妇随、恩爱有加的完美结局。可是现实中好多事与愿违，怕只怕新娘全心全意托付的是个负心汉，不是钱财挥霍殆尽一事无成，就是拿着骗妻子的钱另觅新欢。可怜那痴情的女子人财两空，心在滴血却有苦无处诉。

节俭的新娘婚后舍不得吃舍不得穿，节衣缩食与丈夫苦苦打拼，一旦发家致富后，丈夫西装革履显得更加成熟稳重，而新娘已苦成黄脸婆。丈夫看着公司里年轻貌美的女职员越看越动心，越看越觉得黄脸老婆和已是堂堂总经理的自己不般配，最终上演一出喜新厌旧的离婚闹剧。

薄情郎一心只想抱得美人醉，那还念及妻子的付出！伤透心的妻子只落得夜夜泪湿枕巾，从来都是新人笑，有谁记得旧人哭！

飞蛾扑火的代价

我们也曾经轰轰烈烈，海枯石烂！要死要活地在一起，说好了下辈子都要找到对方继续在一起，多么炽热的爱！只短短5年时光，他却抛下4岁儿子和我，去追寻他所谓的真爱了。

此生对于我的伤害是痛彻心扉，此生我再也不愿与他相见，来生来世永远都不愿与他相遇。

可惜当年青春年少的我对爱情太痴狂，以为和他相爱就会开启幸福的大门。

哪个少女不怀春！我想象过无数遍的梦中白马王子突然活生生地出现在我的眼前，从我看到他第一眼起，心中像撞上小鹿一样紧张慌乱。

有缘千里来相会，无缘对面手难牵，我和他的相识相爱正应了这句经典的古语。

他是跟随工程队从千里之外的老家来我的家乡做工，他负责西湖公园钟楼的雕刻绘画工作，我是报社的聘任记者为写一篇民生工程的新闻报道才和他巧遇。

他给我送花送礼物，不管天气多恶劣，他都会在我下班的路上等我，请我吃饭看电影逛公园，在我走累时他还会背着我。在我不开心时，他扮鬼脸讲笑话学小狗逗我开心。

终于在一个合适的场合，在适宜的氛围中，他大胆而又温柔地拥我入怀，轻轻地在我耳边表白，“我爱你！我要娶你为妻。”他那特有的磁性男低音让我痴迷，他那结实的肩膀让我感觉找到了依靠。

我向家人公开了我们的恋情，却遭到一致反对：他没有固定正式的工作，他没有好的经济条件，两家相隔遥远互不了解,全家人没有一个支持我和他的交往。

当他得知这情况后眼圈红了，默不作声连续抽了好几支烟,我见他伤心不由得想到不知何时能相见,动情地抱着他伤感地哭了起来,好像生离死别似的,相见时难别亦难!

他伤心地别我而去后，我每天做什么都提不起精神,除了勉强上班回来后总是把自己关在屋里闷闷发呆,好像丢了魂似的。

爱情就是这样总在人没有任何思想准备情况下突然不期而至,令人焦灼,令人思念,令人痛苦,令人快乐,令人难忘,令人期盼,令人痴迷,令人陶醉。

家里亲人见我这样很是担心，善解人意的哥哥来找我谈心,“我理解尊重你的感情,但是你太年轻,不懂现实生活的艰辛,感情不是一厢情愿而是需要双方的付出,相互地扶持,感情不是空中楼阁,需要建立在物质基础之上。你读过鲁迅的小说《伤逝》里的男女主人公的爱情遭遇,难道对你没有启迪吗？”

“那是小说又不是现实。”我嘟囔着。

“小说的素材来源于现实。”哥哥继续耐心开导着我,“我有位同学人品好,在乡镇上班有固定工作,虽然发不了财但月月工资有保障,过日子就要细水长流。他对你早有意思……”

“可我对他没意思。”我抢着打断了哥哥的话。

“两人的感情是可以培养的。你看我和你嫂子从认识到结婚不足三个月,没有感情基础,结了婚虽然磕磕绊绊却也相互包容度过了生活的风风雨雨。”

我的好哥哥有几个男人能和你相提并论：论外表你是帅哥,论人品你是金子,论工作你是标兵,论厨艺你是一流！我嫂子是我最羡慕的幸福女人。

哥哥的同学我很熟悉,他和哥哥的关系很要好,常来我家。可我对他没有一丝丝的异性感觉,我不喜欢他的小眼睛,更不喜欢他优柔寡断的性格。

在哥哥的授意下他买了两张电影票请我去看电影,我看在哥哥的情分上不好拂了他同学的面子,勉强陪着看了场电影。

在回家的路上，也许是借助黑暗中不容易看清各自的表情,他鼓足了十二分的勇气向我表白,“我集资一套单元楼,咱们结……结婚的房就有了,以后我的工资卡就交给你。”

虽然这蓝图规划得很好,可我却无动于衷,这些跟我一点关系都没有,他借机伸手想拉拉我的手,见我没有反应他又胆怯地缩回了手,我从心底里小瞧他没有男子汉的气概。他实在是个老实无趣的大男孩，我们两人很尴尬地听着各自清晰的脚步声一路无语终于走完了这漫长的夜路。

自此后我更不想见哥哥的同学,却愈发思念我的意中人。

当我嫁为人妇以后,经历了感情变故和生活的磨难后才真正理解了他这朴实无华的话有多么重的分量，代表了他对我最真诚的感情!

今天令我欣喜若狂的是我那魂牵梦绕的他禁不住对我的思念,千里迢迢赶来和我相会!

我们互相倾诉着相思之苦,经过这次分离,深切感到相爱的恋人不能在一起生活也失去了激情。他说无论如何都要和我在一起,可是我们的婚姻不被亲人认可怎么办,我陷入了两难的境况。

他坚定地说:“亲爱的,把工作辞了吧,跟我走吧,我不会让你受任何委屈,我养得起你,我要给你创造幸福的生活！我的心都交给你,一辈子我们不离不弃！”

这充满了大男人味的霸道关爱很让我感动!被甜言蜜语冲昏了头脑的我却被他给我遥遥无期的许诺深深感动着。

我天真地认为只要拥有爱情,就会拥有一切,只要两人相亲相爱就没有克服不了的困难。我的天真我的痴情让我付出了无价的青春、宝贵的初恋,甚至搭上了一生的幸福。

可惜当初我深陷爱情的漩涡不能自拔!以前上中学时琼瑶的爱情小说成为我的最爱,我总是忘记了时间、忘记了吃饭、忘记了睡觉,和小说中的主人公一同笑、一同哭、一同伤心。还有梁山伯与祝英台的悲剧式爱情结局更让青春年少的我感到为爱情生死相许是多么勇敢。

为了这生死相许的爱情我要勇敢地付出一切。我离开了养育我的故土,我欺骗了我的亲人,我放弃了自己热爱的工作,和自己所爱的人远走他乡。当时我怀着必胜的信念,我们还年轻好好干,一定能闯出一番事业,等过上富裕幸福的日子,亲人朋友会开心地祝福我们。

没有漂亮的婚纱,没有热闹的婚宴,没有亲朋好友的祝福,我们俩来到省城租了一间房子,买了一张床和锅碗瓢盆简单地安了家。虽然生活简朴但我却觉得很幸福,因为终于可以和相爱的人厮守在一起了。

我整日为他洗衣做饭,他每天出外谋生,虽然生活清贫,但我感觉很快乐。当时我想上电大提升自己的学业,他不同意,我想学开车技术,早日改善家庭经济状况,他不让我去,还把我已报好的名给退了,并且信誓旦旦地说:“我一个大男人能养得起你,你只管乖乖待在家享福。”

日子就这样平淡而幸福地度过。当我们的爱情结晶儿子降临后,初为人母的喜悦更让我心甘情愿地为他们父子操劳。

人的一生总有你我无法预知的灾难。当我可爱的儿子5个月正是过端午节时,我煮了些羊肉,孩子会闻饭的香味了,他馋得直咂嘴,他爸忍不住给孩子偷偷喂了点肥羊肉,孩子吃后不停地拉肚子直至脱水高烧住进了医院,一个多月后病毒转化到头部成化脓性脑膜炎,7个月的孩子已危在旦夕,迁延性痢疾、脑膜炎、脑水肿、贫血、肺炎这么多病魔同时折磨着这么幼小的孩子,主治大夫下了病危通知说治愈希望不大。

关键孩子浑身水肿无处扎针输液,在孩子高烧41℃的情况下,我哭着抱孩子回了家,不停用酒精洗,不料半个月后孩子烧退了肿也消了,幸运地从死神魔掌中捡回了条命,不幸的是留下了后遗症癫痫。

我四处借钱为儿子求医治病,为给孩子治病花光了家里一点仅有的积蓄,还借了8000元外债,他说孩子看病是个无底洞,还劝我长痛不如短痛早点放弃把孩子送人。这还是亲爸说的话吗？这还是人做的事吗？

在困难面前他显得如此软弱不堪一击，他开始自甘堕落，不务正业，寻花问柳。我忍让着这名存实亡的夫妻关系，只为他是孩子的亲爸爸，或许他有钱了会给孩子治病的。

我又一次判断错了，他找了个富婆，还为他买房买车。这个女人快要产子时要求和他办结婚证，他才回到家和我离婚，还要求写父子断绝关系保证书，以免儿子日后来向他要抚养费。

我无比痛心地质问他："你当初为什么不早点找富婆，骗我傻乎乎为你放弃前途，为你付出了最宝贵的青春，如今还害了儿子？"

"我不想一辈子做个穷鬼，只有她能给我想要的生活。"

"你连你的亲生儿子都要抛弃吗？"我痛心疾首地质问他。

"只要是个女人都可以为我再生孩子的。"他绝情的话撕裂着我的心！

我鄙视着眼前这个从前让我用生命去爱的男人，我们海誓山盟的爱情在苦难面前土崩瓦解，我们浪漫的爱情在金钱面前显得如此苍白！

当年口口声声对我说"我养你"的这个人竟然连自己的儿子也不愿养，为了钱宁愿吃软饭奔赴自己的新生活去了。

想当年我20多岁，一个人无忧无虑，快乐地工作，快乐地生活，快乐地攒钱。无知的我却掉进了爱情婚姻的网，只怨我当初爱得迷失了自我，没有用心细细了解他的人品。更不该为他舍弃工作，走错了一条自毁的路。

我用尽全身力气甩给这个见利忘义的负心汉一记耳光，抱着我那可怜的病孩子，离开了付出7年青春，充满了爱与恨的家。

爱有多深恨有多深！从此我的心破碎不堪，但不再抱怨自己命苦，因为我终于明白自己的不幸是自己亲手造成的：当初恋爱时，自己太痴情幼稚把爱情想象得太伟大，把一生托付给他。以前没有在乎他的经济状况，更没有认认真真考察对方的人品，让渣男有机可乘毁了我和儿子两个人的一生幸福。

我以为我们的爱会地老天荒，我以为我们会恩爱到白头偕老！从来对丈夫不存二心，从来没有藏过私房钱，如今遭此磨难却身无分文，又无颜求助亲朋好友，带着孩子什么活儿也干不了，只好在大街上擦皮鞋度日。风里来雨里去，被城管追赶，被坏人欺负。挣的钱除付房租和吃饭已所剩无几，孩子生病花钱更是入不敷出。

割舍不断的永远是亲情！幸亏哥哥不远千里来寻我回娘家，我终于回到了日思夜想温暖的家，母亲和哥哥的悉心照顾使我受伤的心得到了慰藉。

爱情是美好的，爱情是令人向往的，但请记住切不可被爱情冲昏了头脑，错爱了渣男，毁了自己的前程，留下一生的伤痛。

男人的爱

阿飞的家境一般，他的学习也不尽如人意，最后上了个学建筑专业的职高，毕业后求人托关系到市建筑公司三分公司上班。

阿飞喜好结交朋友，一有空就和一帮哥们儿在 KTV 喝酒唱歌，一副玩世不恭的样子。他总是好面子经常花钱请朋友吃喝玩乐，是个典型的月光族。

在工作期间，阿飞认识了市建筑公司的出纳小文，经常约她出去玩。她喜欢阿飞的洒脱，喜欢他任性喝酒的样子。在阿飞宴请朋友囊中羞涩时，她会替他买单，在他没钱交话费时，她总是及时给他充足话费……一来二去他们发展成了恋人关系。

有一次阿飞到朋友家去玩，认识了朋友的妹妹月儿。活泼清纯的月儿一举一动都令阿飞怦然心动，他总是找机会和月儿接触。

这天是情人节，阿飞请了半天假，理了新发型穿着笔挺的西装，来到花店花了 800 元买了 99 朵玫瑰花。这时手机响了，他看见是小文打来的，极不耐烦地关了机，这会儿他一心只想早点见到月儿！月儿是一名刚参加工作的幼教老师，当月儿手捧阿飞送来的玫瑰花时，满脸洋溢着幸福的笑容，鲜花配美人，更加衬托出月儿的娇羞迷人。

下了班后，月儿手挽着阿飞的胳膊走进了咖啡厅，他俩边喝边聊兴奋得都有说不完的话。

男人总是想把自己最心爱的女人早点娶回家才踏实，阿飞也不例外，他急着向月儿求婚，月儿直截了当地说："等你有了房子、车子再说谈婚论嫁的事吧。"

阿飞不愿、更不忍心拒绝月儿的任何要求，想尽一切办法要满足心上人的愿望，他感到自己对月儿动了真情。

阿飞绞尽脑汁想了一夜关于房和车的事：自己每月只有不到 3000 元的工资，就算不吃不喝攒 10 年也不够买一套房，就算交清首付也得三年五载呀，到那时月儿怕早成了别人的新娘子。

思来想去还得靠小文成全自己，阿飞觉得小文傻得有些可爱，骗她有些于心不忍，可是告诉真相的后果是他将一无所有输得很惨！

一夜无眠的阿飞早上又请了一天假，花了 80 元钱买了 9 朵玫瑰花，他给小文发了条信息：亲爱的宝贝对不起，昨天忙着加班没有陪你过情人节，今天我特意请假陪你。我在房间等着你。果然收到信息的小文半小时后开车赶来了，还给阿飞买了一条漂亮的领带、一块名牌手表和一堆好吃的。

"你知道我没有钱只能给你买了 9 朵花，九九归一依然代表我一心一意爱着你。"

本来昨天气得一夜没睡好的小文真恨不得狠狠痛骂一顿阿飞，可见他又送花又轻言软语道歉，气早就消了，只假装在那嘟着嘴生气，阿飞上前轻轻把她揽进怀里，心里却想着月儿：如果我搂的是月儿那该多幸福啊！

不明真相的小文幸福地把脸贴在阿飞的胸膛前，对着他的心脏说："我们结婚吧！"

阿飞怔了怔，没有一点惊喜的神情，"我什么都没有，拿什么娶你？”

“有你就足够了。”

“我既然准备娶你，就要像个堂堂正正的男人有自己的事业，不要让你家人小瞧我！”

“我就喜欢你这样的男子汉！”小文激动地抱紧了阿飞的腰。

阿飞心里也有些激动，低头送给这个痴情女孩热烈的一吻，接着趁热打铁说钱的事，他伤感地说：“只有你理解我，你也会支持我的！前段时间我一哥们儿要我和他投资20万开一家装修公司，可是我没钱，拿什么开创自己的事业呢？”

“你是公司的出纳，公司有几百万的资金，你拿出区区20万临时用一下，别人一时半会儿也不会察觉。再说等我一挣钱就马上还回去。你是爱我的，你一定会帮我的！”

看着焦虑万状的男朋友，小文不忍心拒绝他，“我不想看到你不开心，我们迟早是一家人，我会帮你的。”

男人理智得有些可怕，总是盘算着金钱事业，女人总是感情用事，只要爱上一个男人不管不顾会付出一切。

小文一心只想着等男朋友挣了钱就万事大吉。

阿飞很快如愿以偿从小文那得到了创业资金20万，和朋友合开的装修公司也开始接业务了。市里这几年正在搞新城开发建设，外县区来买房装修新房的客户络绎不绝。

不久阿飞买了新车，付了12万元首付集资了一套房，小文兴奋地说：“我们终于可以结婚了！”

“等我把公司的账还了，攒些钱再说吧。”阿飞显得有些漫不经心的样子。

对阿飞百依百顺的小文就不再勉强他了。

世上没有不透风的墙，小文终于从朋友那里知道了阿飞和另一个女孩亲密地共进晚餐的事情，她愤怒地找到阿飞质问：“你为什么和别的女人约会？”

“你胡说什么呀！”还想掩饰的阿飞小声争辩着。

“要想人不知，除非己莫为。”

“我们在一起不合适，还是分手吧。”阿飞终于觉得自己条件成熟了，可以向小文摊牌了。

“为什么？”小文怒目圆睁声嘶力竭地质问他。

“因为我妈她不喜欢你。”阿飞不假思索地搬出妈妈当挡箭牌。

“我们3年的感情就这么经不起考验吗？”哭得稀里哗啦的小文扑过去抱住了阿飞，似乎一松手他就会飞走了！她多么希望这只是一场噩梦！

本想快刀斩乱麻尽快结束这段感情游戏的阿飞，一看到小文痛哭着依依不舍的模样，阿飞竟然内心没有涌起一点同情和不舍，他感到有些烦一把推开了她，“不要再纠缠我了，你的20万我会还你的。”

阿飞也觉得自己太绝情了：小文对他百依百顺，再找不出第二个像小文一样对他好的女孩，可是阿飞总感觉小文是他的哥们儿，对她最多的是感激之情，怎么就找不到那种心跳加速来电的恋人感觉呢？

虽然月儿对他忽冷忽热，有时还蛮不讲理折磨他，可一看到她娇小的身躯，小鸟依人的撒娇样，总是激起他要保护她、疼爱她的男人情怀，每当看到她柔柔地笑他会感到快乐，她伤心地哭他会感到心痛。

唉，感情这东西没法说清，似乎中了魔，身不由己！阿飞感叹之余，又转身去安慰伤心欲绝的小文，“我们做不成恋人，还能做朋友。”

“这不是自欺欺人吗？想过我的感受吗？这好比饿得饥肠辘辘的你双手捧着一碗香喷喷的美食，却不许你吃一口，只能看着别人尽情享用。这种折磨你能受得了吗？”伤心的小文断然拒绝了阿飞的荒唐要求。

当阿飞和月儿举办了热闹的婚礼，两人甜蜜地度着蜜月时，被情所伤为情所累的小文躲在自己的房间抱着枕头以泪洗面，总是回忆着她和阿飞在一起的点点滴滴，每次回忆却更加令她伤痛！想着自己倾己所有甚至冒着触犯法律的风险帮助他，却换不来他的一份真情？

亲人朋友的劝说开导，她虽然都能接受，但刀只有扎在谁身上谁才会真正的痛，最好的良药是时间才能慢慢愈合她的心灵创伤。

迷恋英俊的男友

刘帆今年20岁正值青春妙龄，她是学护理专业的，在市中医院做护士。有一次她结识了一位因感冒住院了的小伙子张伟，这张伟不仅人长得高大英俊，说话也幽默风趣，给刘帆留下了深刻的影响。

他英俊的外表洒脱的气质已完全征服了她，魂里梦里总是他的影子，忘不掉他的浓眉大眼，忘不掉他多情的眼神，忘不掉他的一言一行，总想去和他说说话却欲语还羞。

刘帆陷入了对他单相思的煎熬中！女生对感情内心无比热烈但表面是细腻含蓄的，虽然她心中热恋着他，但决不会放下女性的矜持去主动表白。

没想到他给自己寄来了情书，刘帆欣喜地想自己交桃花运了，竟然能交到这样英俊帅气的男朋友！

交往了一段时间后，刘帆基本上了解了张伟家的情况：父亲是个酒鬼，母亲早已改嫁远走他乡，张伟和父亲饥一顿饱一顿相依为命长大，上完初中就辍学在社会上混。

每次来到张伟租住的屋子，被子堆在床上从来不叠，衣服鞋子胡乱扔着，吃的方便面桶和筷子水杯烟盒打火机胡乱放满了桌子，刘帆一阵忙碌，家里被收拾打扫得干净整洁，每当此时，从小没母亲疼爱的张伟把刘帆紧紧地搂进怀里，无比幸福地说：“如果能娶到你做老婆那是我前世修来的福！”

善良多情的刘帆就这样无微不至地关心着男朋友，好像自己就是救世主，一定能拯救这个从小缺乏母爱，生活散漫的张伟。

听说女儿恋爱了，父母也没反对，反正女儿到了谈婚论嫁的年龄，只要求见见未来的女婿，问了下对方家里情况，刘帆当然没敢说实话。刘帆抽了个空儿带男朋友到家里吃了顿饭，父母对张伟也还满意，叮宁女儿慢慢谈多了解了解。

后来不知父母从哪里打探到了张伟家的实际情况，坚决反对女儿和他的来住，理由很简单，张伟家一穷二白，本人又无正式工作拿什么养家，将来嫁过去女儿会受穷。等有了孩子负担会更重，一生的幸福都会毁掉的。

刘帆坚信两个人相爱就是幸福，两人还年轻，面包和牛奶总会有的。年轻单纯的刘帆认为父母把爱情和金钱等同那就是玷污爱情的神圣。

看着执迷不悟的女儿，父母着急了，女儿没有生活经验，咱们不能眼睁睁看着女儿走错路。爸爸偷偷到单位给刘帆请了一个月假，不许女儿出门以免和张伟见面，让她在家好好反省。

张伟见不到刘帆找到她家里来，被刘帆的母亲一顿臭骂，听见男朋友在门外苦苦哀求，刘帆伤心欲绝！她愤恨父母不尊重自己的感情，她对爱情忠贞不愈：富贵不能淫，威武不能屈！此时她产生了一种悲壮情绪为捍卫自己的爱情，要奋起反抗决不和父母妥协。

她开始绝食，连续两天不吃不喝，父母慌了手脚，母亲抱着不言不语的女儿痛哭流涕："孩子你怎么这么傻呀！"疼爱女儿的父母无奈妥协了。

如愿以偿的刘帆倍加珍惜这来之不易的婚姻。刚结婚，夫妻二人天天粘在一起，张伟对妻子温柔疼爱，刘帆觉得自己很幸福。

张伟暂时没找到合适的工作，在家准时做好了饭菜，妻子下班刚一进门就端来了热腾腾的饭菜，虽然做得不怎么可口，可妻子觉得已是幸福满满。

幸福的时光总是过得飞快，一转眼刘帆为丈夫生了个漂亮的女儿，当了外公外婆的刘帆父母也是喜出望外，不想委屈女儿和外孙女在外租房住，拿出多年省吃俭用的积蓄 10 万元为女儿付了首付买了一套住宅房，住进了宽敞明亮的新家。

可刘帆的经济压力越来越大，要还房贷给孩子买奶粉，还有一家人的生活费，总共一月 3000 多元如何计划都感觉不够花。有时尚心仪的衣服她也没钱买，原来用的一套几百元的化妆品也换成几十元的。整天忙得腰酸背痛，原来光滑温润的一双纤纤玉手也变得粗糙不堪。

她想让丈夫出去工作帮她分担压力，可是他却迷恋上了网络游戏。两顿饭也是胡乱凑合着吃完，碗筷也不洗了，家也不打扫，白天呼呼大睡，晚上上网打游戏。他对刘帆的劳累好像习以为常，说得轻了他不理睬，骂急了他说女人就是烦，摔门而去几天也不归家。

贫贱夫妻百事哀，贫穷困苦的生活令人心情糟糕，渐渐吵架斗殴成了家常便饭，日久心生怨恨，当初的恩爱早已荡然无存，这样的婚姻，爱情的花朵早已枯萎，有的只是互相无尽的伤害。

刘帆很痛苦，责骂自己瞎了双眼，当初怎么就鬼迷心窍爱上了这种没责任没担当的男人，细细思量怪自己太肤浅，自己不就是迷恋上这个男人的一副好皮囊，忽略了最重要的是个人的品行修养。幼稚地认为爱情的感召威力无比，一定能将所爱的人感化成自己心目中的理想人物。

姜还是老的辣，父母经历的事情多，看人断事还是有经验，父母早就告诫说张伟没有受过好的家教，行为散漫惯了，没经过生活的历练怎么可能期望他一下就能成熟。都怨自己当初太幼稚，没有理解父母的一片苦心，如今自己酿的苦酒自己喝，只能自己多付出，慢慢调教他早日成熟起来，像个男人一样疼妻爱子担起家庭重担！

从此心情郁闷的刘帆在单位变得沉默少言，看见同事们嘻嘻哈哈说笑，她却没有一丝丝快乐的情绪，也不爱和朋友们去商场欣赏购买漂亮的衣服，心里盘算着女儿的奶粉钱够不够，家里的生活费够用吗……

喝得醉醺醺的张伟不停地用脚踹门，惊醒了睡梦中的刘帆，当她打开门时张伟差点倒在她身上，她连忙扶着丈夫躺在了床上，正准备给他泡杯醒酒茶，他却吐在枕头和刚换的新床单上，刘帆气得哭了起来，今晚就别想睡觉了。

丈夫那张英俊的脸如今对她已毫无吸引力，他只是个酒囊饭袋，没有做人的责任上进心。我当初怎么会爱上这样的人？

自己的命好苦啊，一天忙到晚累死累活连个疼惜自己的人都没有。爱也有枯竭的时候，她感觉自己身心俱累。

想想自己以前没恋爱没结婚前单纯快乐得无忧无虑，上班时精力充沛，下班后和朋友们唱歌聚会，回家后一个人可以躺在床上听听音乐，抱着手机上网聊天，少年不知烦恼愁。可如今却识尽愁滋味！

在热恋中的男女双方都把自己最好的一面展现给对方，情人眼里出西施，感觉对方是最完美的，还没有冷静想清楚自己到底需要什么样的人生伴侣，还没有了解清楚对方的缺点，就拜堂成亲了。婚后两人日日在一起相处，谈恋爱时的激情渐渐淡化，两人优点已习以为常，倒是缺点逐渐暴露，引发矛盾日渐激化。

谈婚论嫁是终身大事，每个人都应该慎重对待，两个人如果按相识、相知、相惜、相爱、结婚的程序谈情说爱，彼此了解很清楚，那结婚后就算有摩擦也是一点能克服化解的小问题。

可惜现在的年轻人刚认识没几天，就能爱得死去活来。双方连最基本的真实情况都不了解，更别说了解对方的兴趣、缺点。误把情欲当爱情，草率结婚，两人互不相容，闹得鸡飞狗跳，生下孩子无心无力管，一桩桩悲剧婚姻就这样造成了。

真正优秀的女人，从来都能用理性来救赎自己。要想避免婚姻悲剧的发生，就要在婚前对对方的优缺点一一了解清楚，感觉不适合的趁早分手，感觉各方面比较满意的结婚后，就要学会互相包容，才能让有爱的婚姻延续。

和卑微的爱情决裂

几千年来，无数痴情女子被爱人背叛抛弃而凄苦一生，从古至今早已证明：易求无价宝，难得有情郎。但是女人依然为爱情奋不顾身，现实生活中依然上演着无数痴情女子负心汉的爱情悲剧。

而且在这样的爱情悲剧中，最痛苦的是女人，她明知道男人已不爱她了，可是她却无法接受事实，她依然死心塌地地爱着男人，最后无底线地妥协！甚至痛哭流涕下跪央求男人不要离去。

这样卑微毫无尊严的爱，我想各位看官也恨不得上去扇她两耳光：你怎么这么贱！没有他你会死啊？

失去了爱情的姑娘虽不至死，却也是苦不堪言：茶不思饭不想，满心满脑都是男友挥之不去的影子，想忘却又欲罢不能！纠结于悲伤中：我那么爱他，我为他付出了一切，他怎么忍心无情对待我，我不甘心！她甚至无心思做任何事，而是在痛苦中纠结，在纠结中痛苦！

她对亲朋好友的劝告也能明白，她也想洒脱地走出情感的困惑，她也痛恨自己的软弱，可是她挣扎得很痛苦！

究其缘由，一段无法平衡的感情里，因为你投入得太多！所以你时常害怕失去！在任何发生矛盾和争执的时候，你都会最先妥协退让。而这样做的结果是被男友轻视，逐渐不尊重你！

你又痛又恨怎么都想不通，更加自卑了！结果后面的路更加难走！发现路走错了，及时回头，走上正途，而不是一条道走到尽头，明知是悬崖却还要走吗？发现爱错人了，果断全身而退，而不是把自己弄得满身伤痕。

感情不同于别的，他不爱你了，任你怎么挽回怎么努力都是无用的，他并不是不知道你的好和你的努力，可是他就是从心里无法产生对你的爱意，人就是这样贱，没办法。他也没办法，你越无底线地对他好，他就越烦，越不尊重你，哪里还会有爱？

每一段好的感情都是平衡的，必须得等价交换！爱情是建立在互相尊重的基础上，你对他过分的爱纵容了他自大的膨胀心理，让他越发感觉你卑微到尘埃不配他爱，这种失衡的爱情让你迷失了自我。当你委曲求全，把自己贬低到尘埃里，哀求挽回男人的心，这样失去尊严的挽留方式只会适得其反，自取其辱。他的心飞得更远了，换来的只是他的傲慢轻视。

自古多情空余恨；多情总被无情恼，女子多情到用自己的尊严，甚至用生命去换爱情是不成熟的表现，也就是思想不独立。

你要用科学的理性的态度看待爱情，爱情并不神秘，事实证明没有长久的爱情，科学家进一步揭秘爱情的短暂性。

生化学家指出，狂热的爱情通常在几年之内就会燃烧殆尽。因为维持爱情的激素大概持续两年，最多三四年，所以男女朋友在相处两年后，内心就不分泌爱情荷尔蒙，甜蜜幸福感就会下降。

当你理解了爱情的科学真相，你就不会相信男人说的“一生一世我爱你”的甜言蜜语了，你也不会幼稚地把一生的幸福寄托于爱情了。

如果一段感情没有把你变得更好，那么很遗憾你选错了人，放弃意味着重生和更好的选择。调整你的心态、调整你的心情、调整你的生活，要相信自己没有谁都可以活下去，而且会活得更好、更精彩。

当女人拥有了经济和精神上的双重独立，人格独立内心强大，在情感方面会更加自信。有缘分相爱，量力而行投入，享受爱情的激情，爱情消失了，一切无法勉强，好聚好散，回到各自的人生轨道，继续寻找生命旅途的美好风景。

不要浪费时间和情感为往事而遗憾，而应该满怀信心乐观地展望未来。无数事实证明，好多失恋的女孩都经历了痛不欲生的打击，经过时间的疗伤，都走出了失恋的阴影，寻找到了更能体现自己生命价值的生活，获得了更甜蜜的爱情，找到了更优秀的男友，过上了家庭事业双丰收的美好日子。

只要太阳每天升起，只要生命不息，所有的悲伤不幸都会被时光带走，相信生活依然美好。

从失恋的痛苦中化茧成蝶获得重生的女孩，总结了一句很经典的话：一开始发现没他会死，后来发现死也不想有他。

痴情的女孩，谈恋爱投入感情前先了解男人的人品、性格、情趣，慢慢找到最适合自己的另一半再用情去爱，错误的爱情最伤人！

婚后少生孩子多做事，钱比男人可靠，前途最要紧！一定要干好自己的工作和事业，趁年轻多积累财富，幸福的生活才会有保障。

第五章　远离渣男珍爱生命

常言道:跟着蜜蜂找花朵,跟着苍蝇找厕所。

一个女孩爱上什么样的男人，她就会过着什么样的生活。好男人让女人心态好心灵好,越活越有气质,渣男让女人越活越憔悴,越活越自卑。

嫁给渣男等于自投罗网,自取灭亡。渣男欺骗了多少善良纯情的女孩,渣男坑害了多少如花似玉的女孩!

我多么渴望能拥有一面能识透渣男的魔镜,照出一个个渣男的丑陋真面目,还天下纯情少女一方爱情净土!

可惜女孩总难认清渣男,对他们爱得无法自拔,这些渣男很会掌握女性心理,他们会说一大堆骗死人不偿命的情话,他们需要女人时温存体贴,不需要时要酷示狠,进退自如。

综合简要地概括一下渣男的明显特征:所谓渣男就是对感情婚姻不负责任、欺骗玩弄女性感情的男人。

花心男。他同时交好几个女朋友，对每个女友都温情脉脉,让每个女孩都爱上他,最终每个女孩都被爱所伤。这种男人天生就是情种,他风流浪漫,很会说讨女人欢心的情话。

花心男很自恋,经常爱照镜子,边照镜子边自夸:谁有我这么帅气?哪个女人得到我那真是幸福。他经常夸夸其谈招蜂引蝶周旋在几个女人之间，但他不会死心塌地去爱任何一个女人,因为他最爱他自己。

女人最不能容忍的就是男人的花心背叛。花心男最明显的特征是当他走在大街上总是看看这个美女,瞟瞟那个靓女,还会认真地讨论一下她们的衣着打扮,而且有美女在场时,他会兴奋地口若悬河侃侃而谈,还不时用余光偷瞟美女的反应。你千万别误认为这是爱美之心人皆有之的正常反应，他分明就是个花心大萝卜。

自私。所有的渣男都很自私，做任何事只以自己所需为出发点。他可以上网聊天你不行，他可以通宵不归你不行，他可以和女人聊天却不许你和其他男人交往，他自己花钱很大方对你却很小气……

哄骗索取。只有甜言蜜语，没有实际行动。我很爱你，等我发财了一定给你买最好的，常常开空头支票。有一次，我听到有一个男子眉飞色舞对别人炫耀着："我和女朋友去看电影，排队买票快到窗口时，我告诉她亲爱的先排好队，我去买瓜子，我故意磨磨蹭蹭买好瓜子回来时，女友已经买好了电影票，她花了 20 块钱而我只花了 4 元钱。"这个渣男言下之意：看我多聪明，又泡她又花她的钱。

厚颜无耻。甜言蜜语追求心仪女孩，没有如他所愿，他就死缠烂打下跪表忠心，甚至寻死觅活逼迫对方妥协，最终被感动的女孩成了他的新娘，他却不珍惜，又去纠缠欺骗别的女孩。

怨天尤人。他在外花天酒地不认错，还怨你小心眼儿跟踪他，他挣不来钱还怨你乱花钱，他不给老婆钱买衣服化妆品，还嫌老婆不如隔壁老王妻子时髦漂亮。

在热恋中的女孩，其实多数都已发觉到男友的缺点，但往往被男友百依百顺的态度所感动，被男友天天送花送饭的诚心所感动，你时时感念他对你的好，却忽略了他致命的缺点。结婚后男友转正变丈夫，他会如释重负松口气，再也不用伪装了，露出了原来的本性，有你委屈痛苦的日子。

要想认清渣男，其实有迹可循，这种人平时自私自利，推脱责任，缺乏爱心，油嘴滑舌，常干损人利己的事，性格阴沉或暴怒，做事极端。

无论你多么爱他，只要你认清了他是个渣男，长痛不如短痛，你就要痛下决心斩断情丝。如果你爱得死去活来舍不得他，甘愿嫁给他，那你就跳进火坑做圣母，牺牲你自己吧。但我敢保证最后的结局是你绝对会后悔！你绝对会后悔！你绝对会后悔！要紧的事说三遍。

真的是亲身经历，好女人不被珍惜，对男人越好他越不知道珍惜。渣男虽然爱你，但他的爱很自私狭隘，总是以爱的名义限制你的自由和发展，以爱的名义要求你牺牲你的一切来成全他的一切。你会越活越累，你会越活越绝望。

有些男青年不管父母的艰辛，只管伸手要钱，着装打扮很时髦，看外表相貌堂堂，但不求上进不务正业，在酒吧彻夜不归醉生梦死，在酒场上争强斗狠。

在结过婚的女人眼里他明显就是个渣男，但他在单纯的女孩眼里是很帅很酷的男子汉。有几个女孩傻傻地爱上了他，恋着他，有钱的女孩供他钱花，有色的女孩让他甜言蜜语骗上了床。

最终被稀里糊涂的爱情冲昏了头脑的女孩，寻死觅活不听家人劝，一心只想嫁给心上人。最终如愿以偿领证结婚。

激情退去回归平淡，丈夫旧态复发夜不归宿，依然醉生梦死、朝三暮四、逍遥快活，只落得痴情女孩独守空房，悲伤垂泪。如梦初醒的她悔不该当初爱上他，悔不该当初嫁给他，悔不该当初不听家人苦口婆心话，跳进爱情陷阱伤痕累累。

被爱所伤的她从此变成了鲁迅笔下的“祥林嫂”，逢人便诉说着同样的话题，“男人没一个好东西！不要相信什么爱情！”悲伤幽怨使她的心境已失去了对美好生活的向往。

一个清纯可爱的少女就这样被渣男伤害变成怨妇。我遇到的越来越多，我感同身受同病相怜，我的心情是沉痛的！

要想拥有一生无憾的幸福婚姻，需要年轻女性朋友在婚前多多学习吸取经验教训，恋爱时少一分冲动多一分理智，调动你们的智商情商，避开对方甜言蜜语的陷阱，不要受对方帅气外表的迷惑，不要相信对方水中捞月式的许诺，远离渣男不要让不幸的婚姻悲剧重演！

要想在结婚前了解男友的本性，不要以他对你的态度为出发点，这一点最具有迷惑性，干扰了你对他的准确判断。

要多听听亲朋好友对他的评价，要细心观察他对周围人的态度，最好偷偷跟踪调查才能看清他为人处事的原则和实际情况。

一个善待别人的男人决不会亏待自己的妻子。一个坑蒙拐骗、对别人恶语相加的男人，就算他爱着你，你已是他的妻子，甚至为他生儿育女，一旦你成为他谋取利益的绊脚石，他依然会露出凶残的本性对你毫不留情。

和花心男对话

妻子：今天是我们结婚三周年纪念日，你我必须说真话、吐真言，用心交流，分析一下我们的爱情婚姻出了什么问题！

我俩当初在我们热恋时，你有 3 个女朋友，是你心甘情愿选择我和我结婚生子，3 年来我真心真意对你，你为何还要婚内出轨？

花心男：我每次面对你时，我都想下决心改过自新，可我身不由己屡屡犯错，我无可救药了！

妻子：你好会给自己找借口，我只听说吸毒品上瘾的，没听说出轨也身不由己？

花心男：每次看到一个有姿色的女人，我都控制不住想占有她，每次我为征服一个我想得到的女人，我亢奋不已，就像投身于一场战斗。

妻子：爱情需要忠诚，容不得背叛。

花心男：我认为我没有背叛你，虽然我和其他女人亲近，但我爱的人依然是你。

妻子：你不爱她们？干吗还和她们上床？

花心男：对于婚内出轨的风骚女人，我是抱着一种轻蔑的心态玩弄她们于股掌。

花心男：我曾经认识了一个丈夫在部队上工作的女人似乎很有钱，她常请我吃饭，还给我钱花。在床上和我欢愉时，她总是说愿意和我一辈子恩爱缠绵。傻女人，我只想和你拥有短暂的欢愉，若你有病有灾，只有你丈夫会给你买单，你这个贱女人还背叛他。

花心男：想当初她是多么高傲拒我于千里之外，我费尽心机才俘获了她。现在变得好贱，倒贴缠得我好烦！清高的女人也不过如此吗，活该受我胯下之辱！

花心男：你还记得和咱们在一个小区住的凡凡他妈妈吗？我每次回家她都会到咱家来和你聊天。

妻子：怎么不记得，她和我关系很好，你又自作多情想胡说她对你有意思？

花心男：有次我准备到省城办事，那天早上你和儿子还在睡觉，我刚到车站，她突然出现在我面前，她说请我跟她到她住的宾馆说个事。

妻子：她怎么去住宾馆了？

花心男：原来她到咱家听说我去车站的时间后，她提前定好了房间，在车站等我。她告诉我她太爱我了，只陪她一次满足她的心愿。她一岁多的儿子在旁边，她也不管不顾脸皮比我还厚。更可笑的是，她为了给我买瓶饮料，结果她儿子一个人从台阶上掉下去头摔了个包。这个傻女人，我比她儿子还亲？我坐在车上一边嘲笑她一边窃喜我的魅力太强大了！

妻子：你俩真是一对不要脸的狗男女！

花心男：她们都羡慕你有我这么帅的丈夫。我的女人缘太好了，到处撞桃花运，我不找女人，女人也追我呀，你说我咋办？

妻子：那我就把你让给她们。我们都解脱了，长痛不如短痛，我也不用痛苦了，你也不用内疚了。你的精力全用在和女人寻欢作乐上，你不配拥有爱情婚姻，因为爱情需要忠诚，婚姻需要责任。

花心男：你舍得吗？那些女人都把我当块宝，你怎么就把我当根草呢？再说我们男人和外面那些女人只是玩玩而已，你们女人为啥就要较真儿呢？

妻子：你猪八戒倒打一耙，怨我们女人心胸狭窄？男人心胸宽广吗？当妻子给你们戴绿帽子时，你们能做到不较真儿吗？

……

妻子独白：原来这些花心男人真会伪装！我替那些当小三和婚内出轨的女人感到悲哀，她们恨不得舍弃一切爱着他们，他们表面上柔情蜜意，内心却嘲笑轻贱她们。女人自以为的痴情，在有些男人眼中，可能就是好骗，就是犯贱，不玩你玩谁？女人醒醒吧，别去傻傻爱花心男！

感情被欺骗

兰在省城第一人民医院上班，家里父母已退休，兰是他们唯一的孩子，夫妻二人把女儿视为掌上明珠，已经为女儿在森林公园地段买了一套 70 万元的婚房。万事俱备只欠东风，老两口成天催着女儿早日带回来个男朋友，早日结婚生子，好让他们哄哄孙子享受天伦之乐。

兰是个品学兼优的女孩，从 6 岁上小学算起，她花费了 20 多年时间在学校努力读书，一直拿到博士后的学位证书，到医院上班才一年，还有好多实践技能需要尽快掌握熟练，整日忙得几乎没时间考虑自己的终身大事。

兰虽然满腹才学，但她的相貌平平，至今也没有几个主动追求她的男士，今年都 32 岁了的兰心里也暗暗着急，她最怕熟人问："有对象了吗，结婚了吗？"

最近有一个高大英俊的男士总是隔三岔五来她的门诊就诊，他自称是退伍军人，说由于在部队演习训练时不小心伤了胸部，现在总感到胸中疼痛气憋。可是查来查去也没查出什么毛病，但他总是很勤快地挂她的号来她的门诊，兰也不厌其烦耐心细致地为他听诊检查。

爱美之心人皆有之，男人们总是喜欢漂亮的女子，女性也不例外，看见帅气英俊的男子也是芳心萌动。

兰每次用听诊器给这位帅气逼人的患者听诊时，无意触碰到他那健硕的肌肉，她心跳都加速了。

暗恋上他的兰渴望着他来她的门诊，渴望着每天能看到他那张俊朗棱角分明的脸，渴望着听到他有力的心跳声。几天见不到他，兰就感觉到莫名的焦虑，莫名的失落……

情人节到了，兰看到同科室那几个漂亮的女护士都收到了香气溢人的玫瑰花，她有些妒忌又有些羡慕，此时的她平日的优越感荡然无存，感到自己好可怜，好孤独……

陷入伤感的兰被喊叫嬉笑声拉回了现实，“王医师您的花。”

“让我们看看是哪个男神送的？”

只见几个护士争着想抢走花，护士长单手高举着一大束鲜艳的玫瑰花笑盈盈地走到她跟前，“王医师你保密工作做得好啊，老实交代和谁恋爱了？”

“快别胡闹了，没有的事。”兰认真解释道。

这时主任走进了兰的办公室，护士长匆忙把花塞给兰，和几个护士跑出去了。主任问兰要科室的那份学术报告，随后他就忙着开会去了。

这时办公室正好没患者，兰来不及欣赏花的美丽，赶紧取出花束中的卡片，一个熟悉的名字映进她的眼帘：陈飞。她的心顷刻间激动不已，正是她暗恋的那位门诊患者。

真是苍天不负有心人，有情人心有灵犀一点通啊！幸福的兰捧着陈飞送的玫瑰花陶醉在芬芳的花香里。

心情愉快地度过了一个下午。下班回家后，第一件事就是想给陈飞打电话，但女性的矜持令她没有采取行动，只在焦急期盼中等待着陈飞的电话。

一天，陈飞主动约兰吃饭，并委婉表达想与她交往，此后，两人频繁约会谈起恋爱。兰的母亲生病住院期间，陈飞见拉近彼此感情机会到了，他悉心照顾未来的丈母娘，终于获得了兰的家人好感。

两人正式确立了恋爱关系，堕入爱河的兰经不住陈飞的猛烈追求，不久，俩人在兰的婚房里过起了同居生活。

陈飞跟兰谎称自己有间公寓正在装修，来往事多，出行不方便，建议兰买一辆车。为避免兰起疑心，陈飞跟兰说买车首付款一人一半，车子登记在兰名下，兰同意了。因为兰对车辆行情不懂，陈飞骗她说，此款车要30多万元（实际价格17.6万元）。涉世未深的兰于是交给他一张银行卡，里面有20余万元。除去首付款10万元、上牌以及买保险的钱，办完车辆所有手续及贷款，银行卡中余款都被陈飞取出来吃喝挥霍了。

与兰同居的同时，陈飞对兰的新鲜感也失去了，他感到空虚，在网上和小倩认识。陈飞将自己包装成一名拥有心理学和金融学的双硕士学位，月收入几万元的某集团总监，并称自己母亲从事房地产，另外还谎称自己丧偶至今，孤身一人。

和陈飞见面后，小倩看见陈飞开着小轿车，衣冠楚楚，对其身份深信不疑。有一天陈飞跟小倩说，自己早上开车将一个骑电动车的老太太撞伤，老太太在医院住院，急需用钱，可他自己的钱因投资正在验资，无法取出，请小倩帮忙。小倩二话没说，通过手机给其转了5万元。次日，陈飞再次打电话约小倩见面，让她再筹5万元，并说父母要送给小倩一套房子及200万基金。当天下午，小倩从银行取了4.5万元现金又交给陈飞。后来，陈飞又以各种理由骗取了小倩6万元。

第一次找小倩借5万元到手后，陈飞花800元买了一块假的“阿玛尼”女式手表送给小倩，讨其欢心。另外，他还拿出部分钱交给兰，谎称自己挣的钱。兰自然是心花怒放，更加爱他了，也催促陈飞加紧筹备两人的婚礼。

后来，小倩见陈飞总是找借口躲着她，不兑现承诺，还推三阻四迟迟不肯还钱。产生疑心的小倩于是上网搜索“陈飞”，结果发现现年32岁的他曾于2002年因抢劫罪被法院判处有期徒刑8年，2009年提前释放后一直在外打工。发现他以谈恋爱骗过好多女人的钱。

小倩通过偷偷跟踪陈飞联系上兰，得知实情的兰死活不愿相信是事实，后找到陈飞老家核实，发现他还有老婆孩子，二人于是向陈飞追索钱财，陈飞见事情败露一跑了之。

伤心羞愧的兰感叹自己虽然读了不少书，可是缺乏社会经验，对每个人总是信任有加，竟和这样的人谈情说爱，回想令人不寒而栗。

谨防网络感情骗局

现代网络技术如此发展迅猛，网络走进了千家万户，只要你有一台电脑或一个智能手机，就可以和天南海北世界各地素不相识的人谈天说地聊天，人和人的交流变得如此容易。

尤其是微信被普及应用后，许许多多的人利用这一社交平台交朋结友或谈情说爱，甜言蜜语显得温情脉脉，喜欢听情话的女孩早已从心里爱恋上了未曾谋面的网友，消除了戒备心理。

任何事物具有两面性，有利必有弊。网络给人们带来如此多便利，同时网络骗局事件层出不穷。

网络世界中有多少欲望陷阱，有多少粉饰的诱惑，让多少人深陷其中不能自拔，让多少人深受其害上当受骗。

她私会网友，开房受尽凌辱；她被骗 4 年，尚不知对方身份；她倒贴 15 万，连男友都没见着；他开房时遭录影，敲诈 36 万……这些发生在我们身边的真实案件，足以让你看清网上交友、私会网友的风险到底有多大。

许多年轻女性，包括一些已婚女性，依旧热衷于通过网络追求“高、富、帅”，许多男性照样热衷于到网上去碰运气，寻找他们心目中的“白、富、美”，企求在网络世界找到自己的真爱，以实现心中的择偶理想或弥补现实婚姻的缺憾，一不小心就会落入他人设置的陷阱。

古人云知人知面难知心，可见要认清一个人的真面目是多么难，在网络上交流的网友不知人不知面何从知心，怎能轻易相信呢？

在网络上交友防骗最好的方法是：不管对方以何种理由谈钱，决不给对方打钱，最好拉黑。不和网友私下见面，以防不测。

为男友丧生

李小姐在深圳上班,父母都是银行领导,家庭富足。她每周末都会约上朋友到广州游玩。

有一次周末她和朋友又到广州的一家高档餐厅吃饭,有几样菜做得非常可口,李小姐告诉经理想见见做菜的厨师当面请教。

令李小姐意外的是这位做得一手好菜的厨师是位年轻帅气的小伙子,他英俊潇洒的外表令李小姐芳心荡漾,她离开前记下了他的电话号码。

命运总是让人捉摸不透,谁承想这一面之缘改变了李小姐幸福的一生。

后来李小姐主动联系了令她倾心的这位厨师小张,经过两次接触后,性格开朗的李小姐主动表白了爱恋之心,受宠若惊的小张更是乐得心花怒放。

李小姐担心家人反对他俩的恋情,就在广州买了套房,让小张辞了厨师工作,两人住进了新房开始了同居生活。

每周末李小姐就从深圳赶回广州的家,小张为她做她爱吃的美食,两人你恩我爱情意绵绵。

小张说一个人闲得发慌,想早日和李小姐结婚成亲,这样两人就能天天在一起。她答应说只要做通了家人的思想工作后就带小张回深圳结婚安家。李小姐上班走后,小张一个人坐在家看看电视上上网打发时光。

小张过生日时,李小姐送给他一辆 20 万的小轿车。这可是小张长这么大收到的最贵重的礼物。对于家庭贫穷从四川大山走出来打工谋生的小张来说,幸福来得太突然了,好像从天而降。

发达富裕了的小张想到老乡那儿炫耀炫耀,就开着车联系上了同乡小朱。正愁没处安身的小朱请求小张想暂住一段时间,小张就自作主张把老乡小朱带回了家。然后他给女朋友李小姐打电话说给他个面子让老乡住几天，李小姐答应说别影响周末两人相聚的时光就行。

谁知热心帮老乡却惹祸上身。小朱告诉小张说自己很快就有好工作了，并向小张借了一万元给俱乐部交了押金。接受了俱乐部培训的小朱理了新发型，穿上一身黑西服显得精神抖擞。

小张看他整天兴高采烈的样子，打扮得像个有钱公子哥，也好奇询问他到底干的什么工作，他神秘地告诉小张：他干的工作又挣钱又享受。小朱还要拉着小张一起去，耐不住寂寞禁不住好奇的小张跟着小朱走上了自毁前程的道路。

李小姐凭女人的第六感觉觉得男朋友和以前不一样了，他只说和老乡小朱找了工作干干，在家太无聊。

李小姐请了几天假，偷偷跟踪男朋友才发现他和小朱在俱乐部陪阔太太取乐甚至过夜。气急败坏的李小姐冲进俱乐部打了男朋友小张几个耳光后哭着回了家。

此时李小姐应该庆幸认清了男朋友自甘落堕的真面目，和这个渣男快刀斩乱麻断绝关系，伤心也罢，一切都会过去的，她的生活依然幸福美好。

可惜她放不下这段错爱的情。

她本以为男朋友小张随后会追回来向她忏悔，求她原谅，可等了两天也没见人影。或许小张怕李小姐不会原谅他，会向他索要以前花她的钱不敢回来。

李小姐割舍不断对男朋友小张的爱恋，她恨小朱是罪魁祸首。

恨在心头的李小姐请了几个朋友去俱乐部找到小朱后一顿暴打。恶毒阴险的小朱决定报复，他求小张给李小姐打电话骗其出来，这个软弱没有主见的小张不思悔改，不念女朋友的旧情，竟然帮着老乡欺骗女友。

接到电话的李小姐还痴情地想着肯定是男友要向她道歉，于是她洗了洗哭肿的眼睛，振作精神打扮一番欣然赴约。

李小姐坐进男友的车，只见小朱也在车上，她很生气准备下车，小朱一把摁住她并捂住了她的嘴，他对小张说：“开车到郊区租的房子，教训教训她。”

在男朋友的眼皮底下，李小姐被老乡小朱残害致死。

这就是几年前发生在广州的血案。

可叹可悲多情的李小姐错爱了渣男，大好青春年华却命断黄泉。

性格缺陷男不可交

正在我带病坚持写这本书的时候，传来了一则不幸的消息：甘肃省平凉市有一男青年谈了个女朋友，因女方家人要求他付 20 万元彩礼，他无力支付，教唆女朋友和他私奔，可女朋友没有答应，他就怒从心中起，恶向胆边生，带着凶器到女朋友家凶残地杀害了母女二人，把自己的一条命也搭进去了。

这是一个心理阴暗，性格有缺陷的男人。如果他真的爱女朋友，应该积极想方设法努力改善自己的经济状况，以行动和诚心打动女朋友和其家人，如果实在行不通，也可放弃另觅佳音，何苦要害自己害他人性命呢？

女孩谈恋爱时如果遇上这种渣男，一定要及时想法抽身，早早断绝交往。

这种男人遇事暴躁，缺乏耐心不冷静，处理事情方式简单粗暴，在日常生活中固执己见，一旦不能满足自己的意愿，便恶语相向，甚至采取打击报复的恶劣手段。

希望女人能慧眼识人，千万别摊上这样的男友或老公。否则，真是天大的灾难啊！女人宁可不嫁人，也不能交往这样的男人，无论他条件多好，也不能委身于他。这样的男人就像一颗炸弹，随时都有可能把惹他生气的人炸伤炸死。

身处高速发展的现代，社会压力越来越大，人们的心情越来越浮躁。性格有缺陷的男人更容易情绪失控，头脑发昏，做事不想后果。夫妻之间有矛盾，丈夫一怒之下干出“杀妻”之事的案例也不少。

广东普宁人陈某因妻子曾瞒着他跟姐姐、姐夫做他生意上的竞争对手，并与他离婚。后来虽然复婚了，但他依旧怀恨在心，活生生将妻子掐死。

2013 年曾经在宁夏彭阳县发生了一起特大凶杀灭门案，一家老小 7 口人，上有 70 多岁老人下有两岁孩童无一幸免，案发现场鲜血淋漓惨不忍睹，这该有多大的仇恨呢？

无冤无仇只因刚结婚半年的小两口闹矛盾，小小家常事却引发了一场惨案。

夫妻吵架不是常有的平常事吗？

床头吵架床尾和，有几对夫妻不吵架呢？

这小两口吵架后，妻子回了娘家，娘家人见已怀孕 5 个月的女儿受委屈，肯定很生气。

平常只要男方来娘家赔礼说说软话，娘家人气消了姑爷还得认，劝说女儿又随丈夫回家过日子去了。

可这男的怒气冲冲追到女方娘家，不但不赔礼道歉，还八面威风威胁女方，娘家人更生气了，矛盾激化，他凶相毕露，杀害了女方全家老小。

聪明智慧的男人能把控事件的局势，能将大事化小，小事化了。可性格暴躁的男人不能冷静处理家务事，对妻子毫无怜爱之情。

渣男的温柔陷阱

吴琴长得还算标致，她原来的丈夫小王是一名律师，在市司法局上班，但他从小性格内向，不善言谈，穿着朴素。吴琴虽然不爱丈夫，但贪图他有一份稳定的工作，结婚后她在家生儿育女，料理家务。

一个人的工资供养一家人生活不容易，精打细算的小王好不容易积攒了 3 万元，连楼房的首付也不够，只好买了个小院子。

为了改善家庭经济状况，小王响应国家停薪留职的政策，只身一人前往深圳发展。

在家抚养一儿一女的吴琴，才感到家里没有个男人还真不行，家里电灯坏了水龙头坏了，她就打发孩子去喊对门邻居小赵来帮忙。

这小赵可不是个守规矩的男人，有这样的好机会怎会放过。一边干活一边和吴琴打情骂俏，这吴琴也含笑不语。她平常见小赵虽然没有工作，可穿着打扮时尚，戴着一副墨镜，骑着摩托悠闲自在很潇洒很酷的样子，她对小赵是有好感的。

这一来二去两人就混在了一起，甚至明目张胆过起了夫妻生活。小赵妻子是个胆小懦弱的妇女，她气急了也会和丈夫争辩，结果招来丈夫一顿毒打，为了两个女儿，她只好忍气吞声维持着这个家。

小王在外辛苦挣钱，一万一万地给妻子打钱，并告诉她除过家里开支剩余的存起来以后买楼、供孩子上学用。

小赵见小王给吴琴的钱越来越多，他打起了坏主意。

他成天甜言蜜语哄吴琴开心，并发誓要和她做夫妻，吴琴感觉好幸福，小赵比丈夫小王会哄女人开心，有情趣，她感到自己已经离不开这个男人了。小赵乘机找各种借口向她借钱，她总是有求必应。

吴琴只感到小赵对她的好，却忽略了小赵妻子早出晚归辛苦打工挣钱养家的辛酸。她从未想到这正是她将要经历的辛酸。

小赵为达到占有小王的家财，他更加频繁毒打妻子逼迫她早日离婚，被逼无奈的妻子只好在离婚协议上签了字。

她想着自己无处可去，只有出去打工维持生计，不能给女儿稳定的生活，怕耽误孩子上学，她忍痛放弃了女儿的抚养权，至于财产更是没有什么，摊上这么个好吃懒做的丈夫经常穷得叮当响，只剩这个小院，就留给孩子容身吧。

拿到离婚手续后，她简单地拿了几件旧衣服，和女儿抱头痛哭了一场，一步三回头离开了这个耗尽她青春的家。

吴琴看到小赵为了和她在一起，赶走了结发妻子，她感动地只想一生一世好好爱他。

吴琴和小赵两人正商量着今后的打算，计划着如何和小王离婚。不料已离家两年的丈夫小王打来电话对妻儿嘘寒问暖后，说自己想回家。

这两人一不做二不休，干脆把小王家的值钱家电、家具连夜搬到小赵家，把两人未来的小窝收拾得妥妥帖帖。还把小王这两年给吴琴的近10万元转到小赵的账户上。

渣男小赵人财两得，直高兴得就差没发狂，成天带着吴琴到餐厅胡吃海喝。

善良的小王回家后面对家徒四壁，惊吓得说不出话来，吴琴神情自若地告诉丈夫，家里遭贼偷了。丈夫问钱呢，她又谎称贼偷了一些，她自己有病花了些，剩下几万借给娘家盖房子了。小王知道吴琴娘家在四川山区很贫穷，别指望还钱了。

心情十分郁闷的小王又天天上班辛苦攒钱，盼望早日买一套房。

小赵和吴琴乘小王上班时间两人在一起鬼混，他催促吴琴尽快离婚。

"他总是像个闷葫芦不声不响，我找不到借口。"吴琴也着急地说。

小赵又想了个鬼点子。他隔三岔五来小王家叫吴琴打麻将，终于忍无可忍的小王和妻子吴琴吵架越来越凶，妻子说她受够了要离婚。小王大概明白了小赵和妻子的关系，无奈的他最后同意了离婚，两个孩子一人一个。可女儿死活不跟妈妈去，因为她不喜欢赵叔叔。这样两个孩子都由小王抚养，院子也归小王了。

很快小王由别人介绍和刘女士结婚了，刘女士在基层司法所上班，她也离过一次婚，带着一个女儿过，她了解小王的人品。

刘女士娘家条件也很好，在妻子的帮助下，小王买了一套房，还买了一辆小轿车。刘女士心地善良，对小王的一儿一女也很好，一家五口过着平淡充实的生活。

小王托人卖院子，当年3万元买的小院不出3年升值很快，转手就卖了8万元。当他听说前妻吴琴如今境况不好:她给小赵又生了一个儿子,伺侍着小赵的老娘,还有两个女儿,还得上工地搬砖挣钱养家,小赵依然在外花天酒地快活着。

这不活该吗自找的,转移财物给丈夫戴绿帽子!可善良的小王心里没有幸灾乐祸的快意,隐隐有些同情吴琴,她毕竟为王家生了一双儿女。

想到这,他开车找到了在工地干活的吴琴。当吴琴看到坐在车上的前夫时,显得很尴尬,正准备转身离去。

“这是卖院子的5万元钱你拿去用吧,再别干苦力活了!”小王边说边下车塞给前妻钱。

看着开车离去的前夫,吴琴两行泪水滚落在双手捧着的钱上。是悔恨的泪水抑或是辛酸的泪水,只有她自己知道……

善良忠厚的男人不会说:“我爱你,我多么爱你!”但他用实际行动表示着对你深深的爱。他让你越来越健康,他让你渐渐富足,他给你发展的空间,他让你感到自己越来越高贵。

渣男天天示爱给你,“我爱你,我用生命爱你!”他只需动动嘴皮,多轻松,几乎零成本投入,却换来了奴役你利用你于无形的高回报。

女孩们总是因为他给过的那些甜言蜜语和小惠小利,而天真地以为那就是真爱,而奋不顾身地想要把自己的一切都交给他。但你仔细想想,他什么都没付出,只用甜言蜜语迷惑你的心智,你傻傻奉献着你的一切,他心安理得地索取着你的一切。渣男会让你感到他越来越高贵,他让你感到自己越来越卑微。

在不知不觉中,你失去了利用价值,他无情地弃你而去,他又去继续迷惑他需要的其他女人。

男人“不坏”女人不爱

有个女孩同时有两个男生追求她,一个男生文质彬彬,每次来见她时,不是捧束玫瑰花就是买一大包好吃的,对她百依百顺，呼之即来挥之则去。

而另一位男生一脸的威严相，是她心目中的酷哥，高兴时敢于当着同事的面亲吻她，虽然她面露尴尬但内心却很甜蜜，不高兴时冲她怒吼几句，头也不回潇洒地离去。

害她伤心地哭晕，朋友同事都劝她甩了酷哥找送花的男生，可她哭得更伤心了，“没办法，我心里最爱他！”

“你有病吧，他对你那样凶你还爱他？”朋友怒其不争。

“我觉得他很有男人味。”

可见有男人味的男人对女人的吸引力是很强烈的。

有的男人对自己心爱的妻子特别好，好到给她洗脚，百般讨好她，万般地迁就她，无论她怎么都会顺着她，不忍心对她发一点点脾气，面对妻子的无理取闹，他骂不还口，打不还手。可偏偏妻子不爱他，跟别的男人私奔了。

男人哭丧着脸，“我对她好得不能再好了，我哪里做错了？”

他没有做错任何事，唯一错了的是没脾气，没脾气就像一杯白开水，让女人觉得没滋没味。同性相斥异性相吸，没脾气就不像个大老爷们，就对女人没有吸引力。

怎么这么贱呢？找个疼你爱你的男人多好啊，干吗还爱上虐你的男人呢？这都是男人味对女人产生的巨大磁场。

常言道：男人不坏女人不爱，这句话不是说女人爱坏男人，而是说女人喜欢那些风趣幽默、果敢勇猛、有个性的阳刚之气的男人。

真正爱你的男人不愿、不忍惹你伤心，只要你快乐，让他做什么他都心甘情愿。而不爱你的男人对你的态度才会收放自如，一会儿甜言蜜语，一会儿满脸怒容，却能征服女人的心，让渣男有机可乘。

不是渣男的骗术有多高明，正是女人的这一特性和虚荣心让渣男骗色、骗财屡屡得手。

渣男虐我千百遍，我待渣男如初恋。这种痴迷的感觉就像吸毒！明知有害，却让人欲罢不能，难以脱身，最终是飞蛾扑火自取灭亡。

对家暴零容忍

人生短暂真爱难寻，情意绵绵的夫妻情侣一旦闹矛盾，好似仇人相见，分外眼红。情绪容易激动，自控能力差的人最容易引发家庭暴力，家庭暴力深受其害的是女人和孩子。发生家庭暴力时，通常是多种形式共同存在，有针对身体的暴力，有针对性的暴力，有针对精神的暴力，对女人的身心伤害极大。

人人爱慕的女明星美丽动人，有财有貌，却也免不了遭受家庭暴力。

有些男人表里不一，人前秀恩爱，关门打老婆。都是有文化的人，有什么事不能好好谈，君子动口不动手嘛，怎么就不知怜香惜玉呢？

本名王美吟的美女模特儿王子鱼，曾当选为台湾比基尼皇后。曾经在夜店门口及家中两度遭男友挥击头部，造成脑震荡、头骨骨折还吐血，眼球及脸部严重瘀血。打得她面目全非，惨不忍睹，险些都毁容了。

好多人对于家暴的看法竟是打得不严重就忍了，严重了就找家人诉说，但千万不能和父母说，怕老人担心。

当男人打了女人之后，通常会懊悔自己的行为，向女人道歉，事后还会对女人加倍的好，来弥补自己的过失。这时会让女人有一种被爱的感觉，就会原谅男人的过错，温顺善良的女人也会用爱来回馈男人，又会强化男人的暴力，在这样的恶性循环中，遭到男人的暴打会一次比一次厉害。

女人忍的结局却是命丧黄泉，为何不反抗？为何不离婚？

2016 年 4 月 6 日，内蒙古鄂尔多斯市杭锦旗广电中心女记者红梅遭受家暴后身亡。

红梅与丈夫金柱已结婚 15 年，多年来，红梅饱受家暴，让丈夫打伤流产，严重时把头都打了一个坑。但让人感到震惊的是作为一个知识分子新女性的红梅，竟然委曲求全忍辱负重 15 年，为何不痛下决心与这个渣男离婚？最终付出了生命的代价。

15 年前，美丽善良的红梅不顾家人反对，和青梅竹马的同学金柱喜结良缘。

父母都曾是老师，咏梅和红梅姐妹俩都是杭锦旗广播电影电视服务中心的记者，一个是主任，一个是副主任。红梅是个开朗、善良、上进的好女人，可好女人活得最不容易，往往被渣男欺负。

丈夫金柱是杭锦旗安监局职工，同学对金柱的一致印象是上学时就欺负同学，而且经常喝得醉醺醺。结果结婚一年多红梅就被打了 5 次，有次打得实在受不了，半夜一点多红梅跑回娘家抱着妈妈说："金柱快把我打死了呀！"

怀第一个孩子 3 个月头上，打得红梅流产了，痛心的她终于起诉法院离婚。此时丈夫金柱千承诺万保证不再打骂红梅，善良的她又放弃了离婚。

但此后，红梅遭受的家暴没有间断。金柱曾经在咏梅孩子生日宴上，看到红梅和几个男亲戚喝得高兴，当场就拿出刀来要捅红梅，后被众人抢下。他还经常限制红梅的人际交往，并扬言说"离婚就杀全家"。这个渣男的恶劣行径让红梅父母这么多年天天提心吊胆，她爸爸睡觉时枕头下也放着铁器用以防身。在大街上走路不敢骑车，就步行也是靠墙走，怕金柱那个畜生加害他们。

2013 年 10 月，红梅再次因为受到家暴导致"枕骨粉碎性凹陷性骨折，颅骨向内凹陷，周围脑组织受压"而入院治疗，红梅左耳后部被丈夫打出鸡蛋大小一块塌陷。住院期间，金柱没有出现，没有往医院交一分钱，所有住院费用还是红梅父母出的。

出院后，父母坚决让女儿和金柱离婚，红梅也带着儿子在外面租房住了一年，后来金柱又下跪求饶，善良软弱的红梅又一次没有痛下决心和这个无耻的渣男离婚。

无助的儿子多次目睹爸爸像恶魔一样折磨、暴打可怜的妈妈，他告诉外公外婆说："爸爸快把妈妈打死了，快离婚吧！"

可是妈妈红梅说："不想离婚，那样对孩子不好，又怕金柱喝酒喝死。报警会让他很没面子，难以生存。"

"我要坚持到儿子十六七岁，就能保护妈妈了。"

这个善良的妈妈红梅心里只有丈夫儿子，唯独没有她自己。红梅就是中国广大家庭妇女的一个典型缩影。

红梅长期遭受可怕的家暴，但她忍让着，还担心渣男丈夫喝酒喝死，顾全他的脸面和尊严。可渣男却得寸进尺，一点也不疼惜尊重她，把她往死折磨。

红梅长期遭受家暴，她委曲求全想给孩子一个完整的家，可孩子把一切都看在眼里，痛在心头！妈妈遭受家暴的可怕情形早已给孩子幼小的心灵留下了创伤，红梅朋友说感觉孩子和别的孩子不一样，不爱说话，经常低着头。红梅的儿子曾亲眼目睹与同事吃完饭回家的母亲被父亲拖到车上殴打长达 50 分钟。13 岁的儿子最后亲眼目睹妈妈的尸体从眼前抬出家门，这惨状让孩子如何承受？如何忘却？他的一生何其痛苦？

回想妈妈最后痛苦情形犹如噩梦般永远刻在儿子心里：2016 年 4 月 5 日下午下班后，爸爸金柱自己在家饮酒，晚上 11 时他准备驾车出去找应酬未归的妈妈红梅，看见从小区进来一辆出租车，车上下来的正是妈妈红梅。他打了妈妈几个耳光，致红梅倒地，后又用脚踢。随后将妈妈扶到车后座，爸爸金柱从驾驶座上揪住妈妈红梅的头发，往车后门玻璃上撞击。二人回到家中，继续因出去应酬的事进行争吵。多年的不抗争，多年的家暴，让儿子也在恐惧忧虑中煎熬！

第二天遭受暴打的妈妈因身体不适向单位请假。儿子中午放学回家后还给妈妈说了几句宽心话，下午 1 点多儿子和往常一样跟妈妈再见后就去上学了。谁料想这是母子最后的生离死别！

下午放学后儿子回到家门再也看不到妈妈的笑容，惨不忍睹的是妈妈冰冷的尸体！

真相是：残暴的金柱下午先后在门市部买了两瓶白酒在家中继续喝。不去上班，也不愧疚打伤妻子，而是继续和妻子纠缠争吵，并丧心病狂再次殴打红梅，致使她口吐白沫颅内出血，41 岁的女记者痛苦地死去。

可悲啊可悲！我强烈呼吁在婚姻中痛苦遭受家暴的女人们早日警醒，保护自己、保护孩子最好的途径就是和渣男丈夫坚决离婚，再也别和他有任何瓜葛！

未婚的女孩谈恋爱时，一旦发现对方是渣男，应该立即想办法下决心离开他！再也别让像红梅这样的家暴惨案发生了！

面对家庭暴力，决不能退让，尤其是当第一次他对你动粗时，一定要勇敢地还击，打不过也要闹个天翻地覆讨个说法，如果对方下手极其歹毒，那就趁早离婚，免遭后患无穷。骂惯的嘴、打惯的手，一旦形成习惯，家庭暴力将演变为家常便饭。

北京年仅 26 岁的女孩董姗姗被家暴致死案曾轰动全国，她在结婚的第 10 个月，被丈夫殴打，失去生命。

董姗姗就是在这样的家庭暴力恶性循环中，最终失去了年轻的生命。在生前，她曾经向亲人求助，也逃跑过，8 次报警，也没能阻止悲惨的命运发生在自己身上。

当丈夫第一次打你的时候，那就勇敢地反击。对于女人来说：在遭受男人暴力对待的时候，态度一定要鲜明，明确告诉他："我绝对不允许你打我。"而不是急于缓和关系，在自己身上找错，一定要让他反思自己的行为，汲取教训，让男人感觉到女人是不可侵犯的。

有位反家暴成功的女人讲述了她的经验：她和老公刚结婚也因为家里的事抽了她一耳光，当时她的头都被他那一耳光抽蒙了，等她反应过来后就开始和他厮打。从晚上一直和他纠缠到早上，中间丈夫一直给她道歉，她觉得也闹差不多了算了吧，结果去洗手间洗脸照镜子一看，半边脸被他打得肿得很高，再加上哭得眼睛也发肿，总之整张脸看着很惨，当时就想和他拼了，又继续和他纠缠，又困又累地坚持和他揪，就这样一直闹腾到天亮，招架不住的丈夫没法了只好向她保证：我对着太阳给你发誓，这辈子不管什么事我都不会再动手打你！发毒誓以后，这 10 多年来，不管他有多大的脾气都没有动过手打妻子。

反抗才是正确的，男人打得过女人但缠不过女人，女人要么就别让男人有动手打人的机会，要是动手打了就绝对要闹得让他再不敢有第二次机会，不然会纵容成习惯的。

不过对于脾气特别暴躁、出手歹毒的男人，奉劝妻子不要采取还击的方式，要避其锋芒，忍让一下，请家中长辈调解或报警，如果丈夫不思悔改，屡劝屡犯，妻子就要痛下决心坚决离婚，才能以绝后患。

作为一个姑娘的你，父母辛苦养育你，把你当作父母的心头肉，精心呵护二十载，好不容易长大成人，你没吃他家一口饭，没喝他家一口水，就因为你爱他，就得离开父母，把他爸妈当亲爸亲妈照顾。你从一个如花似玉的姑娘变成一个只知油盐酱醋的平庸妇人，十月怀胎生下的孩子还得跟他姓，洗衣做饭侍候他吃喝睡。沦为他家长期免费的保姆，已经够不划算了，为何还要遭受他的拳打脚踢的凌辱呢？他不疼惜你虐待你，你为何不下狠心离开他？把深情交付与错误的人，你的无底线的善良就会纵容渣男的恶行。

不能因为爱他而失去做人的底线，坚决反抗家庭暴力，维护做人的尊严。人性自古不变，你善良，他便得寸进尺，你软弱，他便狠心欺骗。

可喜的是自从2016年“反家暴法”实施后，对弱势群体妇女、儿童起到了切实的保护。当家庭暴力发生时，应及时报警，保留证据，拿起法律的武器保护自己。

第六章　恋爱中的女人不断付出时

曾记得有位作家说:男人在爱情中喜欢做猎手,很享受角逐的快感,男人最喜欢在群雄逐鹿中抱得美人归。太容易到手的猎物,自然不够珍贵。得不到的永远想念,得到的过眼云烟。

其实不光是男人,所有人都有这种通病,即太过容易得到的不会去珍惜。

在爱情中,女孩可以主动,但付出要适可而止。增加男方的付出成本,他才会更加珍惜你。这就像我们对花大价钱买的东西非常爱惜,而对便宜的东西很随意。

男人往往都有更强的征服欲,他主动去追求的女性,因为花了不少心思,花了不少工夫,花了不少代价,千辛万苦才获得女孩的芳心,成功了以后,才会特别有成就感,也才会更加珍惜。

倒追心仪男

人性的弱点就是当一个人对他好到了极限,他就越来越不满足。慢慢反而觉得你的一切付出都是应该的,你欠他的。

曾经有一乞丐遇到一个好心的富人,他每次都给乞丐两枚钱。起初乞丐很感激,慢慢他把恩惠当作习惯。日复一日很快几年过去了。

有一天富人给乞丐一枚钱, 乞丐以为他忘记了所以少给了,可过了几天依然是如此。

乞丐忍不住问他:“先生你为何少给我一枚钱?”

富人说:“因为我结婚了,还要养小孩。”

结果乞丐生气地说："你竟然拿我的一枚钱去养你的小孩？"

这就是惯性思维形成的后果。

杨娜和赵龙在同一所师范院校同一系同一班就读，他们班男生少女生多。

杨娜性格内向，沉静温柔，在班里默默读书学习。而赵龙活泼开朗，学习虽然一般化，但他能言善辩，向班主任毛遂自荐担任了班长。他俩是同桌，接触的机会自然就多一些，每次他俩说话时，她看到赵龙那双炯炯有神的大眼睛时，心里有些慌乱，就连忙红着脸低下了头。

很明显看得出来，赵龙喜欢班上的文体委员李璐，他总是帮她打饭、打水，有时还买零食，有时还一起出去吃饭。当杨娜看到这情景时，心里有一种莫名的失落感。

当赵龙向她借钱时，她毫不犹豫拿出自己的生活费给他。她时常回家带好吃的给他，他也不推让拿起就吃。赵龙的家在农村，交通不便，他很少回家。家在城里的杨娜就时常把他的衣服带回家去洗得干干净净，叠得整整齐齐再递到赵龙手里。

不觉意大学 3 年多的时光已流逝，快毕业了大家都忙着找实习单位联系工作。听说李璐拒绝了赵龙的求爱，听到这个消息，杨娜兴奋得一夜未眠，自己对赵龙的一片痴情没有白白付出，一定要趁现在主动争取心上人的爱。

第二天中午放学后，杨娜约赵龙帮自己到电脑城选台电脑，赵龙没推辞就跟着杨娜去买电脑。杨娜对赵龙说："就按你喜欢的品牌和款式挑吧。"

在回学校的路上，中午人很少，不远处的草坪中间有一座凉亭，杨娜说："我们到那儿去休息一会儿吧。"

赵龙和杨娜并排坐在个长椅上，杨娜今天总是很主动地说话，"快毕业了，我送你这台电脑做礼物吧。"

杨娜第一次这么大胆不舍地注视着赵龙俊朗的容貌，赵龙倒显得有些不好意思，"5000 元的电脑你送给我，这……这不合适吧？"

“有什么不合适的，我什么都愿意给你。”鼓足了勇气终于说出了这3年来最想说的心里话，杨娜害羞地低下了头，但她心里是多么急切地想听到对方的回答，又害怕听到不想听到的话！

此时的赵龙一副悲伤的表情：美好的大学生活即将结束了，爱情没有结果，工作没有着落，前途一片迷茫。伤感的他有些动情地抓住杨娜的手摇晃着说：“谢谢你这3年来对我的帮助！”

激动的杨娜情不自禁地把头靠在赵龙的怀里，她闭上眼睛感受着这想象了无数回的幸福时刻。赵龙望着她细细端详，其实她长得很秀气，他知道她是真心地爱自己。

在杨娜热情积极地求亲告友下，赵龙被安排到电力公司工作，杨娜则当上了三中的英语教师。他们的婚事也水到渠成领了结婚证，双方家长各凑了6万元付了首付，置办了按揭贷款的婚房。

婚后两人度完蜜月各自上班，赵龙每月5000元的工资2000元用于还房贷，剩下的3000元他没有交给妻子杨娜。杨娜每月有3000多元的工资，贴补家用后，剩不到几百元，她尽量少买衣服省着花。她宠爱着丈夫，一切都随他的心意。

结婚一年后杨娜生了个可爱的女儿，孩子出生后要买奶粉，要买尿不湿，要买衣服，生病了还要看病花钱……

杨娜一个月的工资不够用，她只好向丈夫伸手要。可令她没想到的是，丈夫却说：“女儿也是你的孩子，你不该养吗？我还欠着外债呢，哪有钱给你。”

“你一个人一月3000元不够花，怎么会欠别人钱呢？”第一次跟丈夫争执的杨娜质问着。

“男人的事女人少管！”丢下一句不负责任的话后，赵龙跑到客厅沙发上睡去了。

伤心的杨娜一个人抱着女儿哭。

第二天杨娜到娘家向妈妈拿了些钱，再怎么也不能亏待委屈了幼小的女儿。

回家后不帮妻子一点忙，反倒不是嫌孩子哭就是嫌老婆烦的赵龙，不是说加班就是喝酒应酬朋友，夜不归宿渐渐成了家常便饭。

又要上班又要管孩子的杨娜已无精力管丈夫了。没钱请保姆，她只好把孩子送到娘家请妈妈帮忙照顾。

杨娜的日子就这样在忙忙碌碌中度过了 3 年，孩子 3 岁了也该考虑上幼儿园的事情了。

正当杨娜为女儿上幼儿园的费用发愁时，谁承想一件更令人闹心的事情发生了：中午杨娜下班回家正做饭吃，来了几个壮汉坐在她家沙发上不肯走，他们拿出了一张借条给杨娜看，借了 5 万元，只见借款人是赵龙。

"他……借的钱你们找他去吧，我……没有钱还。"气得几乎说不出话来的杨娜抖动着双手。

"赵龙借款时押的是这房子，如果不还钱，限你 3 天内搬出去，我们要拍卖这房子。"他们理直气壮地对杨娜下了驱逐令后，扬长而去。

气得愣了半天神的杨娜一声也哭不出来，"怎么会这样？怎么会这样……"

杨娜万万没想到自己深爱着的男人会变成这样，两人在一起上学 4 年都没看出来他会是如此不负责任的人。她冥思苦想也想不出丈夫干了什么事，怎么会借那么多的钱，她只好请假回老家，找公公婆婆想办法。

公公婆婆心急火燎地跟着儿媳妇杨娜赶到儿子家，打电话叫回了儿子，在父母的逼问下赵龙依然不肯说实情，忍无可忍的父亲气愤地抽了儿子两个大嘴巴，他依然不回答。无奈伤心的父母放下好不容易凑来的 1 万元回去了。

迫于无奈杨娜急忙向她娘家求救，她爸向亲朋好友借了 4 万元急急忙忙送来，终于在 3 天内还清了丈夫欠的外债。

终于松了一口气的杨娜忍无可忍和丈夫吵了起来，赵龙不但没有悔改之意，还振振有词地威胁道："咱俩能过就过，不能过就离婚。"

从未想过离婚的杨娜，定下心仔细想想:6年的付出就换来离婚的结局吗？再说孩子怎么办,没有一个完整的家……离婚对她来说是多么沉重的话题啊!

委曲求全的杨娜苦苦维持着这个家,维持着这份让她爱恨交加的婚姻。

不疼人还疼钱

所谓女方倒贴不会被珍惜,其实不单是贴钱的问题,还是倒贴会让男方家有种优越感，他家人感觉是女方死乞白赖缠着高攀,他家没付出当然不会珍惜你。你的倒贴反而自降了你的身份,导致他家轻视你。

许晴在南方做销售工作，业绩不菲，自己又省吃俭用,几年下来手头积攒了近30万元。哥哥为她介绍了个对象，男方胡先生是哥哥的同学，毕业于一般大学在煤矿做机械检修工作,虽然性格内向但长相周正,对许晴百依百顺,关心备至。

许晴心想自己才高中毕业,工作又不稳定,再说结婚后生儿育女相夫教子,自己就没时间挣钱了,好在老公工作稳定工资高,只要夫妻恩爱,儿女双全家庭幸福不就是女人最大的幸福吗?

她对胡先生的各方面条件很满意，他本人也是农村出身，人也老实，他说自己才工作两年，凑了10万块钱付了房子的首付,现在没钱装修房,更没钱结婚。

看着愁眉不展的男朋友，许晴不想错过这个如意郎君,她很单纯地想结婚后一切都不分彼此了，此时能为男友分担负担她觉得很自豪，她告诉男友说不管我娘家要多少彩礼你只管答应下来就是,钱的事有我呢。

许晴一心只想尽快结婚又不想给男朋友添负担,娘家的3万元彩礼钱，结婚的一切开支，装修房子的10万元她都慷慨解囊,不过这一切都是瞒着娘家的。

丈夫更是感激不已,发誓要一辈子对她好。婚后两人甜蜜恩爱,丈夫对她百般疼爱。

只花了1000元(婚礼上婆婆给儿媳妇的认亲红包)就娶了个儿媳妇，胡先生的妈妈回老家后逢人便炫耀:“想跟我儿子结婚的女人多着呢,没花一分钱我儿子就给我领来个媳妇。”

左邻右舍都羡慕得不行:“看看人家儿子多有能耐，咱们花个一二十万也找不来个媳妇。”

住在城里的许晴辞了工作,在家一心只想做个贤妻,全心全意爱着丈夫,每天把家打扫得一尘不染,琢磨着为丈夫做可口的饭菜。她心疼丈夫每天上班辛苦挤公交车,她又拿出自己全部积蓄为丈夫购买了一辆小轿车。毕业两年胡先生就拥有了房和车,赢得了朋友和亲戚的羡慕。

一转眼许晴怀孕已七八个月了，看着日渐行动不便的妻子，早想接父母进城享福的胡先生趁机对妻子说:“接我爸妈来照应你坐月子帮着带孩子吧。”许晴想自己没经验带小孩,有个老人照顾小孩也好,就高高兴兴地接来了公公婆婆。

许晴没有料想到,她的痛苦生活已拉开了序幕,一场场家庭闹剧即将上演。

刚开始大家还能相安无事，许晴生下孩子后奶不够吃,为了孩子的健康她想让丈夫买贵些的奶粉,可婆婆不同意嫌太费钱,丈夫什么都听婆婆的,还劝告老婆也不能违背她妈的意见,因为一旦不如婆婆的意,那家里三天三夜将闹得鸡犬不宁。

许晴由于晚上哄孩子喂奶睡不好觉,早上起来迟些,婆婆阴沉着脸,有时饭做得迟了,婆婆更是沉着脸不回话。

渐渐婆婆指桑骂槐,“家里养了个好吃懒做的，尽苦了我的儿子。”

开始许晴忍耐着,心想人家毕竟是老人,自己是媳妇。婆婆唠叨谩骂时日长了，忍无可忍的许晴回敬婆婆:“我没有吃闲饭,这家里里外外我也花了近30万元,我没有花你家的钱,就连我结婚的盖头都是我自己买的。”

“你想嫁人想疯了吗,没人要你了你自己买盖头?”这个婆婆从心底里轻视着没花成本的儿媳妇。

受到极大侮辱的许晴对婆婆怒吼道："你个不知好歹、不讲良心的恶婆！"

气急败坏的婆婆对儿子喊道："反了她，给我打！"

从小对婆婆言听计从的胡先生条件反射似的上去给妻子甩了两耳光，她用手捂着火辣辣的脸冲出了门，身后婆婆不依不饶地喊道："你哪点能配上我儿子，休了这个泼妇，妈给你娶好的。"

哭累了的许晴坐在公路边又冷又饿，伤心地想着："自己没有做错任何事，他们为什么这样无情对待我？"

"古人说得对：不疼人还疼钱呢。看来我这没花钱娶的媳妇他们不在乎，婆婆把娶媳妇当换物件，说换就换，这也太容易了。试问你胡家有多少资产？试问你胡家有几套房？试问你胡家有几辆名车？我是因为爱一个人才嫁到你家，图谋你胡家什么呢，如果我离婚后让你试试再有我这么便宜的媳妇吗？"许晴愤恨地想着，想教训教训这个难缠的婆婆。

但她转念又一想："如果离婚他家什么损失都没有，我可能什么也带不走，房子是结婚前丈夫用他名字集资的，花的这30万也没有证据怎么可能讨回来，新婚姻法明文规定婚前财产离婚时不分割给对方。我付出了一切，却落得人财两空。唯一的亲人是不满周岁的女儿。"

想到女儿，许晴才觉得奶水胀得厉害，可怜的女儿一定饿得哭得昏天黑地，她也顾不得自己的尊严，一心想着女儿加快脚步往家赶。

为了避免和婆婆闹矛盾，为了给女儿买质量好的奶粉，许晴决定出去工作。她早出晚归辛辛苦苦跑销售业务，回家还得做饭洗衣服，得寸进尺的婆婆稍不如意就横加指责，她忍气吞声尽力做着让步。为了这段婚姻她已付出了全部，几乎已无退路。

可婆婆不依不饶，嫌带孩子太辛苦，也不抱孩子出去散步，总是拿她的干奶头哄孩子睡觉，吸着吸着连奶水也吸下来了。许晴不敢阻拦，让丈夫去劝，却被他那难缠的妈臭骂了一顿，实在无奈，夫妻二人把孩子送到娘家，想让娘家妈照顾一段时间。

谁知婆婆更是发威大闹，非让把孙女带回来，扑上来连挠带抓媳妇的脸，忍无可忍的许晴推搡婆婆，她乘势跌倒在地寻死觅活，折腾了半夜总算被老伴和儿子劝住了。谁知一大早人却失踪了，打电话关机，一家人又分头去火车汽车站寻找，到处找了半夜也不见人影，第二天又给各处亲戚打电话询问也没有音信，公公决定第二天去报警，大家担心婆婆一时想不开去寻死。生气的公公对媳妇怒骂道："你给我连夜去找人，找不到你也别回来。"

伤心的许晴问丈夫："这日子还怎么过啊？"

无奈的丈夫苦着脸："他们都是我的父母，我能怎么办！"

许晴知道这家里已容不下她了，悔不该当初把打工 8 年积攒的 30 万全部花在这个家，谁曾想如今自己落难了，连个应急的钱也没有，她只好向同事借了 3000 元跑了两天才租了一套旧房子，回家简单收拾了几件换洗衣服和孩子的用品，心情十分沉重地离开了家。

快过春节了，终于在小姑家找到了婆婆，被儿子接回来后她好像胜利者一样住进了许晴和丈夫辛勤打拼的宽敞明亮的家。

年三十丈夫去陪公公婆婆欢天喜地过年，在租住的屋子里许晴望着女儿天真无邪的脸，听着窗外别人庆祝新年的炮声，此时她的心情无比凄凉：公公婆婆今年才 50 多岁，大概还能活个 30 年，到那时自己都 50 多岁了，回家似乎已无希望。也没有经济能力再买一套房了，丈夫还完这套房贷得 15 年，自己挣的钱只够女儿和自己的开销。

甜蜜的爱情经不住现实生活的折腾，目前的困境就像一团乱麻让她理不出头绪，唯一能想明白的是当初自己太单纯，热恋中和丈夫好得就像一个人似的，认为我的一切就是他的，他的一切就是我的，心中没有存在一丝私心杂念。现在虽然丈夫没有背叛自己，可是两人的婚姻生活已出现了危机。

在别人欢度春节的团圆时刻，她更加伤感地胡思乱想着：如果当初在自己名下买套房，或者不花那30万，现在在郊区就能给自己买套房，主动权在自己手里，不至于无家可归。可是当初既然两个人相爱就要坦诚相待，爱是需要无私奉献、互相信任的，可是这纯真的爱情在世俗的现实中，被搅和得酸甜苦辣五味杂陈！

只有经历了才明白，超越现实的爱情只能昙花一现，最终枯萎。

第七章　选对男人婚姻幸福

好多男人对待感情随意任性容易移情别恋,那女人们还能不能相信爱情?答案不言自明,在千年的中华历史长河中,也不乏有用情至深的痴情男人。

爱上对方可能只需要短暂的时间,但忘记那个人却可能需要用整整一生的时间。所以在投入感情前,运用女人所有的聪明智慧挑挑拣拣、认准好男人,他有良好的道德观,他有开创事业的上进心,他有做人的责任感,他有一颗感恩的心。爱上这样的男人,你的付出才有回报,嫁给这样的男人你就拥有了幸福的根基。

一个爱你的男人,即使面对不那么好的你,也会选择包容,想办法让你跟着一起成长,而不是一味地嫌弃与抱怨!真正爱你的男人不会让你为他放弃整个世界,而会带着你,欣赏整个世界!

好男人好丈夫的楷模

最具有代表性的是距今 500 多年前的明朝皇帝明孝宗朱佑樘,身为权倾天下的帝王,可以拥有三宫六院 72 嫔妃,全天下的美女任他挑任他选,想过夜夜做新郎的快活日子也不为过。但明孝宗皇帝终其一生只娶张皇后一妻,两人每日同起同卧,读诗作画,赏琴观舞,谈古论今,朝夕相伴,多年恩爱如初。

时至今日,谈及孝宗皇帝夫妇的千古佳话,多少男人不愿相信这是历史事实,有这样“傻”的男人吗?他们无论如何也不能理解孝宗皇帝对感情一生矢志不渝的专注。

多少女人为之感动不已，羡慕集万千宠爱于一身的张皇后，渴望自己能有好运降临，嫁给像明孝宗这样优秀还能爱自己一生一世的如意郎君！

世间的事总有因和果。在封建社会实行一夫多妻制度，就连普通的男人也娶三房四妾，为何贵为天子的明孝宗一生只忠于张皇后一人？孝宗皇帝和张皇后共生育两个儿子，幼子因病夭折，朝臣多次劝谏孝宗帝为繁育皇室血脉应该选嫔妃美女充实后宫，但都被孝宗皇帝拒绝。

孝宗皇帝贵为人中龙凤，竟然能做到一心一意痴情于结发妻子，真是千古难寻的好男人、好丈夫。我们现代法律明文规定一夫一妻制，可是有些男人只能与结发妻子同苦，却不愿与结发妻子同甘，包二奶在外风流快活，有的男人不管不顾妻子儿女生活艰难困苦，却在外面充当情种乱撒情网，毫不负责私生子女，有的男人一旦家庭陷入困境，没有勇气没有能力承担，选择了抛妻弃子逃避现实。这些渣男你们不汗颜吗？

女孩恋爱的对方是男人，女孩结婚的对方还是男人，只有选对男人才能嫁得好，只有选好男人才有好生活。

古人说得好：谋事在人，成事在天。对于婚恋终身大事切记不可草率，一定要好好谋划一番：那就是在恋爱阶段认认真真选择男友。男友是做什么工作的？他的身体状况如何？他的品质如何？他父母为人如何？他的家庭状况如何？这些都要了解清楚，做到这些还不够，古人说："人是一团肉，神仙识不透。"可见认清一个人的本质是多么难。

让我们探究一下好男人好丈夫的典型代表明孝宗其人：孝宗皇帝 17 岁登上皇位，驱逐朝廷奸臣，亲近重用贤臣良将，对待朝臣仁爱有加，他勤于政事，励精图治，君臣同心同德，开创明朝中兴盛世，朝政焕然一新，政治清明，百姓安居乐业。从史书的记载中我们体会到孝宗是一位生活很有规律，严于律己，积极上进，有抱负有作为，拥有一颗博大仁爱之心的男人，怎么能不爱自己的妻子呢！这样出类拔萃的男人真是可遇不可求！

欣慰的是在今天的现实生活中，有几位国人都熟知的演艺界的好男人好丈夫阎维文、陈道明等，虽然经历了生活的风风雨雨，但他们对爱情婚姻忠贞不渝，他们辛勤打拼事业，他们为家庭甘愿付出一切。

演艺圈可谓帅男美女云集，演情感剧演着演着就擦出了火花，因戏生情、假戏成真的事例层出不穷。在演艺圈里混，人非草木孰能无情，要想拒绝诱惑那得有非凡的毅力。

在演艺界取得成就的阎维文、郎永淳、陈道明，他们在事业的高峰期没有骄傲自大依然严于律己，恋妻爱子不改初心。在家庭遭遇变故时，他们没有逃避，而是勇于面对现实，勇于承担责任。无论是贫穷还是富贵，无论是健康还是疾病，他们都不离不弃陪在妻子身边。他们用实际行动践行了对爱情的诺言。

阎维文是我国著名歌唱家，他和妻子都是军人，当年在部队认识，双方产生恋情喜结良缘，育有一女。当夫妻二人同心协力创造美好前程时，不幸却降临于这个幸福的家庭，女儿只有几岁，不到 30 岁的妻子查出患乳腺癌而且是中晚期，面对如此沉重的打击，阎维文积极陪同妻子治病，抚育幼女。20 年来他用爱呵护着妻子同可怕的病魔做斗争，艰难的岁月体现了他对爱情的忠贞。

陈道明是演艺界的著名演员，他出演过好多部经典影视剧，他出色的演技塑造了一个个生动的荧屏形象，备受观众的喜爱。

他除演出外，平常深居简出，酷爱棋琴书画，阅读了不少名人著作，也喜好写作，追求高尚的情操。他说：人活着，需要给自己的心灵安一个家，让自己保持自我、本我、真我。无用方得从容，洁净如初的心灵及丰富多彩的精神世界才能成就百毒不侵的自己，心没病，身体自然安康。

他和妻子杜宪相识相恋牵手走进婚姻的殿堂至今 30 多年，两人风雨同舟相亲相爱。陈道明至今感念妻子在他还是个毛头小伙一无所有时爱上他，并义无反顾嫁给了他，当时他的妻子杜宪已是一名中央电视台新闻联播主持人。我们感叹杜宪慧眼识人才，选对了一个好男人、好丈夫。

陈道明热爱演艺事业，如今功成名就，也为家庭创造了财富，买豪宅购名车，但他家不请保姆，他几乎包揽了全部家务，把家里收拾打扫得纤尘不染，他用心营造着舒适温暖的家。

闲暇时，陈道明夫妻二人弹琴赏月、读书练字、做手工活，有时静坐窗前感怀岁月。好羡慕他们夫妻情深相濡以沫的温馨生活！

好男人就像一首意境深远的诗，耐女人寻味；

好男人就像黑夜窗前亮着的灯，让女人感到安全温暖归心似箭。

草率的婚恋

结婚前不下功夫详细了解掌握男友的一切情况，一旦和渣男恋爱结婚，你的情路必将坎坷伤痕累累。

2013 年中央电视台法制频道报道了一件纪实骗婚事件：4 个女博士被同 1 个男人骗婚并为其生子。

顿时社会一片哗然：博士竟然被人骗，什么智商？

能读到博士学位，不可否认她们是高智商的人才，但她们身处象牙塔，专心学业，缺乏社会经验。

这个男人是浙江人，他大学毕业后下海经商做海产品生意。他的妻子和他是大学同学，并取得博士学位在一所高校做教授，婚后夫妻二人感情和谐并育有一女。

有一次他回农村老家，正巧碰见族人写家谱，有人后面标注无后，他奇怪地问："明明这个叔辈有孩子呀，怎么写无后？"

当他得知只有生了男孩才算有后，生女孩就表明后继无人。他心里很不是滋味，自己虽然创下了不小的家业，可没有儿子后继无人。

从此他心里盘算着生儿子的计划，他在婚恋网上搜寻着目标，最后他把目标锁定到求婚的女博士身上。

他的想法是:第一,女博士智商高,生的儿子肯定聪明;

第二,女博士求学时间长,多数年龄比较大急于结婚;

第三,女博士有学识爱面子,就算识破了他的计谋,也不愿声张,好息事宁人。

这个自私自利的男人一手导演了一出出骗婚闹剧。而受伤害的女博士虽然智商高,但在学校学习的是专业理论课,单纯的她们缺乏社会经验,不知社会人心险恶。

他在网上认识的第一位女博士,他谎称自己因创业耽误了终身大事,至今没有娶妻生子。没谈多长时间,他约这位女网友见面,女博士见他相貌平平,但出手阔绰大方,沉稳健谈,做事精明干练,女博士很快坠入了情网。他在自己名下购置了婚房, 办了假结婚证, 并骗女博士说自己有朋友在民政局上班,不用自己麻烦跑路,女博士还称赞他办事能力好。他俩并举办了盛大的婚礼,只请女方亲戚朋友,谎称自己亲人路途遥远不便参加。

婚后女博士果然生了一个大胖男孩,如愿以偿的他应该加倍疼爱这母子俩。但是好景不长,他又在网上认识了第二个女博士,并发展成了恋人关系。

第二个女博士也没有谈过恋爱, 没有认识男人的经验,陶醉在他信誓旦旦的甜言蜜语中,为她大把大把花钱买名牌包买时尚衣服满足了女孩的虚荣心,这个男人依然在自己名下购买了一套房,把钥匙交给女孩让她住进去。

在这样一位事业有成的成熟男人的强烈追求下,女孩看他又这样诚心诚意,不久二人就同居了,等女孩怀孕后催促他领结婚证,他找借口搪塞说回老家山路不好走,她有身孕来回折腾不方便,等生完孩子就去领结婚证。从来没有心存疑虑的女博士听他讲得有理也就安心在家养胎。十月怀胎期间,他除出去忙生意还抽时间细心照顾她,体贴入微的呵护让女博士感到自己没选错人,这个男人既能挣钱又会疼人。

第二个女博士又为他生了个儿子,这该让他多满足啊!可是事实出乎意料,渐渐地他很少回家,一打电话总是说忙生意。

现在包括他妻子在内已经有3位女博士为他生儿育女，有3个家需要他去照料，还要打理生意，一个人精力有限，时间有限真是分身乏术。3个被蒙在鼓里的女博士看他辛苦操劳，像个负责任的好丈夫好父亲。

这个可恶的男人把每个女人当作他生育的工具，生了孩子后女人一个人辛苦抚育，他只定期给些生活费，他一个人在外逍遥快活，最近他又忙着追求第三个女博士，哪有闲情理会已没有新鲜感的3个女人。

凭着女人独特的直觉，第二个女博士感觉男人可能在外有情人了，一拖再拖儿子都已3岁了两人还没有领证，应该尽快把结婚证领了心里才踏实。在她找老公的证件时才发现了户口簿上标注的是已婚，而且年龄比她知道的还大5岁，震惊之余，她愤怒地质问男人，他谎称说没说真相是因为他太爱她了，怕失去她，他已和老婆没感情了会尽快离婚的，看在孩子的分上请她原谅他。

这次已有些经验的第二个女博士没有轻易相信他，她细思他们相处的几年里，他种种反常的言行，不知还有多少事瞒着自己。她聘请了私人侦探才真正知道了这个无耻之徒的所作所为。

4个女博士(最后一个女博士已怀孕)痛苦不堪，悔恨自己没有慎重对待婚姻大事，不了解实情就轻信男人的一面之词仓促生子，给孩子造成了无法挽回的伤害！几个高智商的知识女性竟成为一个男人的生育工具，遭受这种奇耻大辱是她们一生的伤痛！

她们勇敢地拿起了法律武器把这个渣男告上了法庭，让他得到了应有的惩罚，把他的恶劣行径公之于世，给所有的女同胞敲响了警钟。终身大事决不能草率仓促对待！不能因为他对你百依百顺就认为他是好男人而轻信于他，只要你细心观察他所做的每一件事，再狡猾的狐狸总有露出尾巴的时候。

好男人有情有义

随着岁月的流逝，所谓爱情或激情就蜕变成了亲情、友情。中年夫妻之间,更多的是对家庭的责任,对彼此忠诚的自我约束;是并肩走过岁月的友情,是携手共建家庭的恩情。

当你想把你的终身托付给一个男人时,在自由恋爱的情况之下,要谨记三个字“慎于始”,对于一开始就要特别谨慎,所以在找对象的时候,眼睛要擦亮,一定要擦亮,一定要想方设法从各个渠道、各个方面了解他的父母为人,了解他个人的情况、人品修养爱好,越细致越可靠。

这是对自己更是对未来儿女最负责的正确明智的做法,想想你将要与你的另一半共同生儿育女，共同牵手度过生活岁月的几十年风风雨雨，为什么就不能花费短短几年时间好好了解认清这个人的本质呢?

到底什么样的男人才算是好男人?什么样的男人才值得托付终身呢?

他有一颗感恩的心。

他是个负责任的人。

他有明确的生活目标。

他有积极上进的心态。

首先把具备了好男人的这些要素条件的男人作为你的选择范围,其次了解他的人生观、兴趣爱好。物以类聚,人以群分,道不同不相为谋,志同而道合。和你有相同的人生观,相同的志趣爱好的好男人就是你值得托付终身的人。

所以交往的时候一定要先了解再进一步发展。怎么了解?一定要在自然的状况之下了解。所谓自然的状况就是:他和家人,他和同事,他和周围的人一起相处的机会,这个时候你就要观察他做事认不认真,有没有责任感。你就要观察他对别人有没有关怀心,有没有包容心。

很多的女孩子都认为他只要对自己好就行了,不用说你俩正在热恋，他一心想早日把你追到手，他肯定对你好得没法挑。如果他对父母不孝，对别人自私不友善，那他对你的好，是暂时的或是伪装的，他对你有利可图，等他的目的达到了时，他就会暴露真面目、真性情。

完全了解一个人不是一件容易的事，不能单凭他对你的态度来评判，主要通过观察他为人处世的原则和态度：看他是否孝敬父母，看他是否感念别人对他的好，看他是否礼貌待人，看他是否遇事能冷静分析处理。

所以你观察他对每个人都关怀、都照顾，代表这个人很有爱心，有宽容心，有责任心。你要这样去观察人才会认识准确全面。

了解到他有爱心有宽容心有责任心，恭喜你遇到了好男人！如果他和你有共同的语言、共同的兴趣爱好，再一次祝福你，他就是你能托付终身的好丈夫！

放心大胆地去爱他吧，和他手牵手肩并肩共同创造属于你们的幸福美满的婚姻生活。

启功是雍正皇帝的第九代孙，曾为辅仁大学、北京师范大学中文系教授。曾任中国人民政治协商会议全国委员会常务委员、中央文史研究馆馆长、九三学社顾问、国家文物鉴定委员会主任委员等职位。著名书画家、著名文物鉴定家、著名教育家、著名红学家、国学大师。启功自幼喜爱书法，是当代负有盛名的书法家。启功曾被称为"诗、书、画"三绝。他的旧体诗词亦享誉国内外诗坛。

这样一位才情俱佳功成名就的大师级人物，在他的心底，一个永远不能忘怀的人就是他的妻子章宝琛。甚至在妻子病逝后整整30年，无子无女的启功无论他多么孤独寂寞，他都不肯再婚，他一直沉浸在对妻子无尽的哀思中。他一心只爱着妻子，他的心里已容不下别的女子。

启功的妻子章宝琛是怎样出色的女子令丈夫对她深爱一生？

令人不解的是章宝琛既没有迷人的容貌，更没有读过什么书，只是一位普普通通的家庭妇女。

1932年在母亲的包办下，21岁的启功和23岁的章宝琛举行了简朴的婚礼。

虽说是新婚宴尔，却实在没有什么感情可言，婚前只见过几次面，互不了解。她对启功擅长和喜爱的书画一无所知，两人婚后也没有共同话语，她是个非常无趣的家庭妇女。

唯一的长处就是勤劳温顺，自从她进门之后，家里的一切大事小事都无须启功操心。早晨一睁眼她就默默地干活，把一切操持得井井有条，无论多么累，从来没有一句怨言。

1937年，北京沦陷，启功丢了国文教员的工作，日子渐趋拮据。一天，他看见妻子在细心地缝补一只破了几个洞的袜子，禁不住满心酸楚。这很平常的妇女做针线活，有几个男人会看在眼里记在心上？

他想卖画赚钱，但当他背上画卷准备出门时，又犹豫了。章宝琛明白，丈夫舍不下脸来，便说："你只管画吧，我去卖。"那天傍晚，突然下起了大雪，启功见妻子还没回来，便去接她。远远地，他看见娇小的妻子蜷缩在小凳上，身上落满了雪花。看到他，妻子起身挥舞着双手，兴奋地说："只剩下两幅了。"启功湿了眼眶。他没有恃才傲物，他没有责怪妻子，只有怜爱疼惜。

这样困苦的日子一过就是十几年，最困难的时候，妻子便把珍藏的首饰拿出去典卖，换得钱做点好吃的，留着启功回来吃。她知道启功经常需要添置新书，每月生活再紧，她也总要留出一部分钱给启功买书用。

"文化大革命"中，红卫兵抄家，细心的妻子偷偷地把启功宝贵的藏书、画和文稿用纸包了一层又一层并打上捆，放在一个缸里，在后院的墙角下挖了一个洞，深深地埋在地下，这个秘密只有她一人知道。

1975年，她一病不起，才把藏书、画、文稿的地方告诉了启功。那些凝聚着启功多年心血的文稿才得以保存下来。

"她和我同共苦，却没有享受一天的清福。她为我受了一辈子苦，我也要受些苦才好！"

他食之无味，夜夜沉浸在思念之中。虽然妻子没有为他生下一男半女，但他说几十年来，从未后悔娶她，也未想过要娶别的女人。他心里只装着妻子对他的点点滴滴的好，他常说："我们是有难同当，却不能有福同享，这是启功一辈子最大的遗憾。"

他拒绝了所有为他介绍的婚事，对妻子的深情至死不渝。

他弥留之际对亲友说："生同衾，死同穴，我死后，一定要把我和宝琛合葬在一起。"2005年，启功带着对章宝琛的思念离世，但愿两人能在地下相会。

启功的妻子像我国无数个家庭妇女一样做了妻子应尽的本分，有几个男人能如此长久铭记妻子的辛劳付出呢？

唯独启功先生一生一世感念妻子的付出，因为启功的人品贵重，他重情重义！

启功先生为人善良、注重情谊，淡泊名利。他对妻子至爱，对母亲至孝，对师长至尊。他知恩图报，对凡是帮助过他的人以及他们的后代，都尽其所能地予以回报。

他对朋友至诚，他对晚辈、学生关爱至切，启功先生的诚挚之心，深厚之情，深深感动着每一个和他交往过的人。

正因为启功有一颗感恩的心，他把妻子多年的辛劳付出看在眼里，记在心里，汇聚成一股浓浓的爱回报妻子。

有这样重情重义的好丈夫，章宝琛一生辛劳也是幸福的。

不忘本色

大衣哥朱之文想必大家都很熟悉，他唱歌出名后，身价倍增，经济收入丰厚，节目出场费、代言的收入一年都是几十上百万，这是朱之文做农民一辈子也赚不到自己一年代言的收入。

可贵的是朱之文成名后依然保持着一个朴实农民的本色。

他没有就此沉迷于物质的享受，没有买楼房没有买汽车，而是和从前一样朴素，还是住着以前的房子，过着和以前一样的农村生活。

深情不及久伴，厚爱无须多言，他对妻子李玉华依然和从前一样有情有义。朱之文刚成名时就说过："我是出名不出轨，这是我的承诺，永远都不会变，我媳妇跟我受了这么多年的罪，也该享享福了。”

朴素的话语，表明朱之文不忘本色的可贵品质。

1969年出生于山东菏泽农民出身的朱之文从小就非常喜欢音乐，但是由于家里太穷，根本没有上学深造的机会。

在他11岁的时候，父亲就去世了，在极度困难的情况下，朱之文被迫放弃了学习，帮母亲一起经营这个家。为了给家里赚钱，他和同村的人一起去北京打工。

到了成家的年龄又回到了农村，结婚生儿育女，每天挥汗如雨做农活，有空的时候就到外面打零工赚钱。无论生活多么艰苦，但大衣哥朱之文都没有放弃自己的爱好唱歌。

1999年的时候，朱之文受邀参加一个婚礼，现场唱了一首《滚滚长江东逝水》，从此就在当地小有名气，后来也受邀参加选秀和歌唱的电视节目。

朱之文真正成名是在2011年参加《星光大道》节目，朱之文在节目上展示了自己的梦想，展示了自己歌唱的实力！他的成名并不只是运气好，是他足够努力，足够专注自己的梦想，才能有今天的成就!

朱之文深深爱着生他养他的故土，始终保持着一个朴实的农民本色。演唱结束后，他脱下西装皮鞋，穿着旧衣服和妻子在田间劳作，娴熟地干着各种农活。

他热心公益，帮乡亲们修路，给乡亲们借钱。他常说自己做事只求问心无愧就行。

好多男人成功后忙着挥霍显富，忙着找情妇换老婆。但是朱之文用自己的忠诚守护着自己的婚姻，用自己的爱心守护着自己的妻子李玉华。

这是因为大衣哥朱之文是个感恩的人，他不忘当年自己穷困时，妻子依旧对自己不离不弃，他不忘妻子李玉华和他一起在农村推地排车、干建筑、种庄稼受的罪。

有好品质的男人就是好男人，无论外界环境如何改变，他总是坚定地守护着自己的婚姻，疼爱着自己的妻子。

好男人有担当

没有长长久久的爱情，更何况在平淡的婚姻生活中，总会遭遇些意想不到的人和事，会影响我们的爱情婚姻，假如有一天他不再爱你，他会坦诚地告诉你真相，因为爱是不能勉强的。

假如有一天你们要离婚了，他也会念及曾经你俩的夫妻情分，他也会很内疚没能做到爱你一生的承诺，他会尽最大的能力用物质补偿他对你的辜负，尽量会满足你提出的条件。

如果换作一个渣男，他不但欺骗你的感情，还会藏匿隐瞒转移家庭财产，恨不得让你净身出户。

一部《亮剑》让无数观众喜欢上了“李云龙”的扮演者李幼斌，也让他成为娱乐圈炙手可热的明星。

李幼斌是著名实力派男演员，国家一级演员，在演艺圈有二三十年了，他作为演艺圈的老戏骨，可谓是“零绯闻”的明星。

李幼斌的前妻叫张瑞琪，曾经在长春演话剧做演员。1982年，两人因戏结缘，走进了婚姻的殿堂。

年轻时的张瑞琪，是长春话剧界最漂亮的女演员。夫妻二人都是长春话剧院的优秀话剧演员和台柱子，二人在舞台上同台竞技，台下相亲相爱，是整个长春话剧院最让人羡慕的一对夫妻。

在20年的婚姻生活中，妻子张瑞琪一边工作，一边抚育儿子，操持家务，让丈夫李幼斌没有后顾之忧，全心全意发展自己的演艺事业。

李幼斌忙于事业，经常在外面拍戏，留给家庭和陪伴妻子的时间越来越少，最终导致二人婚姻破裂。2006年二人协议离婚，李幼斌净身出户，她默默地忍耐着失去丈夫的痛苦，独自一人抚养儿子。

张瑞琪的心里一直容不下别的男人至今不嫁，她仍爱着李幼斌，从不说他坏话，在媒体面前也竭力维护着这个自己深爱着的男人的形象。

离婚后的这些年，李幼斌他深知对不起结发妻子和孩子，他走红后在经济上努力补偿她们母子，送车送房子，让他们过着衣食无忧的生活。

李幼斌和前妻张瑞琪对待爱情婚姻的态度是明智的。一日夫妻百日恩，何况两人曾经相爱，相濡以沫 20 年。爱情最经不住生活点点滴滴的消磨，当爱情消失时，张瑞琪明智地选择了放手，成全对方的幸福。

李幼斌和张瑞琪虽然结束了夫妻关系，不能给予对方爱情，但他俩依然感念 20 年的夫妻情分，把这份情升华成亲情，尽力帮扶，不求回报，只愿对方过得好。

李幼斌的现任妻子是史兰芽，她从中央戏剧学院毕业后到北京人艺当演员，史兰芽有过两次失败的婚姻，这一次她终于找到了幸福的婚姻。

2002 年李幼斌与史兰芽合作参演《江山》，在剧中两人扮演一对夫妻因戏生情，相互欣赏，都将对方作为挚爱。

值得一提的是史兰芽对李幼斌的演艺事业帮助很大。在没遇到史兰芽前，李幼斌是“戏红人不红”，而两人相恋后，她竭力劝说李幼斌接下《亮剑》《闯关东》这两部戏，最终李幼斌红遍全国，史兰芽让李幼斌的演艺事业登上了高峰。

李幼斌和史兰芽都是优秀的一线演员，给观众带来很多精彩的影视作品，在《江山》《旗袍》《活法》《国门英雄》等 10 多部影视作品里，他俩饰演的都是夫妻角色，他们是事业上共同进取的好伴侣。

爱与不爱一个人，并不是由我们的意志所左右，没有感情的婚姻，夫妻二人捆绑在一起也是一种折磨。李幼斌在两难的抉择中，并没有因新欢而放弃一个男子汉应有的担待。离婚时他净身出户，大红大紫后他又给前妻送房送车。从表面上看，是一种愧疚，是一种补偿，其实质也是一种责任和担当！

寻觅另一半

在滚滚红尘中，多情的台湾女作家三毛寻寻觅觅追寻着心中的爱情，她的内心渴望着一份轰轰烈烈的爱情。

幼年时期的三毛就喜欢读书，感情丰富的她对异性很敏感。她的初恋是高自己一届的才子梁光明。她执着的追求终于盼来了才子的回应，三毛和他很投入地恋爱，相互学习鼓励。为了巩固这份来之不易的感情，三毛向梁光明提出了结婚，但骄傲的才子没有接受。

为情所困，伤感的三毛离开了台湾，到西班牙求学，在那里遇见了一生的挚爱荷西。

初见荷西时，三毛心里惊叹道：好帅气的男孩，要是将来能做他的妻子，在虚荣心上也是一种满足。他们做了朋友，一起打棒球、打雪仗、逛旧货市场，渐渐地无话不谈。但是三毛比荷西大 6 岁，当时荷西只是个高中学生。她完全不能把男女情爱和眼前的大男孩扯上关系，但荷西却把三毛当成了一生的梦想，他告诉三毛：6 年后如果三毛独身，他要娶她为妻！

后来三毛交的男友不少，但都不合她的心愿，没有走进婚姻。三毛和日本富商男友谈恋爱，但她不想做笼中的金丝鸟，她又和德国外交官男友相处，但她不愿成为虚于逢迎的交际太太。她又去了美国，认识了自己堂哥的同学，但他要求她婚后做家庭妇女，这更不是三毛的意愿。回国后她又爱上了一个画家，但他已为人夫。不久三毛终于碰到了一个让她心仪的德国教师，两人深深爱恋着，不幸结婚前夕，男友却死于突发心脏病。深受打击的三毛吞药自杀，幸亏家人救治及时。

令人欣喜的是哀伤中的三毛接到了服兵役 6 年期满的荷西的来信。三毛为荷西这份矢志不渝的爱所感动。她毫不犹豫前去和荷西相会。1973 年，于西属撒哈拉沙漠的当地法院，30 岁的三毛与荷西公证结婚。

为实现三毛的沙漠流浪之梦，荷西陪同三毛走进了撒哈拉沙漠，他们为梦想经历了生活的艰辛和生死考验，生活的恩情与苦难在他俩之间扎下了深深的根。

在荷西百般宠爱的爱情滋润下，三毛的生活激情荡漾，沙漠之旅激发了三毛潜藏的写作才华，并受当时《联合报》主编的鼓励，三毛的第一部作品《撒哈拉的故事》在1976年5月出版。从此三毛走进了大众的视野，陆续创作了多部作品。

正是三毛遇到了一个懂她、爱她、肯为她付出一切的好男人荷西，给予了她珍贵的爱情婚姻，更成就了她的人生，让她梦想成真，还让她成为了众人热爱的作家！

荷西说，他最大的梦想就是有一个像三毛这样的妻子，并赚钱养她。为了这个梦想，荷西不停地努力付出，陪三毛流浪归来后，买了房子，还迎来岳父岳母，他尽情享受着家庭的温暖。他生出无限渴望，想要和爱妻三毛生一个可爱的孩子。但不幸的是荷西在一次海上工作中意外溺水身亡。

自荷西1979年去世后12年里，三毛都活在哀伤里。她再也没有遇见一个男人能允许她在婚姻里活得自我，再也没有遇到欣赏、信任、宠爱她的男人，至死，她再没走进婚姻。

人品好志趣相投

人品好的男人，他有良好的道德标准，做事坦荡，懂得尊重他人，善解人意，宽厚从容。

找男朋友首先选人品好，有一定学识修养，和自己志趣相投的男人，如果还有一定经济基础，相貌英俊洒脱那就是最佳人选了。

男人的性格、爱好、情商、习惯、职业，决定着夫妻二人在一起的幸福指数和生活质量，女人只有选对了男人，才会拥有真正的爱情和幸福的婚姻。

南宋杰出女文学家李清照的两段婚姻足以证明选对男人婚姻才能幸福。

在中国文学史上享有崇高声誉的李清照的第一段婚姻是美满幸福的。她和第一位丈夫赵明诚二人门当户对，志趣相投，夫妻二人十分恩爱，生活充满诗情画意。

李清照出身于书香门第，她的父亲李格非为著名学者，曾任礼部员外郎等职，赵明诚的父亲官至宰相，也是官宦世家。

二人浪漫的爱情起源于一次美好的邂逅。

赵明诚在元宵节相国寺赏花灯时与李清照相识，赵明诚早就读过李清照的诗词，赞赏不已，此时见到如花似玉出尘脱俗的李清照，便产生了爱慕之情。

他回家后央求父亲托人向李清照家提亲，18 岁的李清照嫁给了 21 岁的赵明诚，一对才子佳人喜结良缘。

赵明诚是位翩翩公子，读书极博，酷好书画，尤其擅长金石鉴赏。他和妻子李清照志趣相投，都醉心于中国博大精深的文化，他们夫妻在学术上互相切磋，在艺术上共同砥砺。共同的爱好和兴趣，使他俩成为志同道合、相敬如宾的爱侣，时常诗词唱和，共同研究金石书画，有着说不尽的喜悦，他们的生活有如琴瑟和鸣，浪漫而又高雅。

李清照和赵明诚夫妻二人相知相守度过了近 30 年的美好时光。

不幸的是金兵入侵中原后，社会动荡不安，皇帝高宗南逃。李清照夫妻二人带着金石字画，还有二人多年费尽心血整理编撰的《金石录》手稿流落南方。流离失所的逃难途中，不幸丈夫赵明诚病逝。

丈夫赵明诚去世之后，李清照孤身一人流落江南，颠沛流离的生活使她的身体越来越虚弱。后来她来到杭州，国破家亡的严酷现实，颠沛流离的悲惨遭遇让李清照悲愤无助，孤苦寂寞。

乘虚而入的张汝舟花言巧语，经常来关心无依无靠的李清照，对她百般示好。身为柔弱女子的李清照在饱尝了人生的艰辛后，她渴望有所依靠，过上安定的生活。对于媒人介绍的张汝舟也是进士出身，还算有学之士，李清照以为他真的爱怜自己，顶着世俗的压力嫁给了张汝舟。

结婚之后，有所企图的渣男张汝舟以为李清照一定有很多古董、字画，但令他失望的是李清照并没有自己预想中的家财万贯。原来庸俗的张汝舟贪图的是钱财，并非才情卓绝的李清照。

失望的张汝舟凶相毕露，他强行索要《金石录》手稿和仅存的金石书画，这可是李清照在逃难途中用生命保存下来的心爱之物！遭到拒绝后，他对李清照拳脚相加百般虐待。

此时李清照才发现了这个贪婪小人张汝舟的虚情假意，对她关心是假，贪图她的钱财是真。为了摆脱这个渣男的纠缠凌辱，疾恶如仇的李清照发现张汝舟的官职来源于行贿，便状告张汝舟。在当时的社会环境下，妻子告发丈夫，即使印证丈夫有罪，妻子也要同受牢狱之苦。

生性刚烈的李清照冒着坐牢的风险向道德败坏的渣男张汝舟宣战。张汝舟得到了应有的惩罚，被罢官流放。由于在朝为官的一个亲戚出手相助，李清照入狱九天便被释放。

这段不到百天的不幸婚姻却让李清照付出了惨重的代价。因她的改嫁、状告丈夫的问题遭到士大夫阶层的污诟渲染，这让李清照的精神受到了更严重的摧残。

晚年的她无依无靠，贫困忧苦，流徙漂泊。为完成丈夫赵明诚的遗愿，李清照潜心整理编著完成了《金石录》著作。在历尽悲欢、荣辱之后，她孤独终老。

可叹千古才女李清照生不逢时，国破家亡，她的后半生坎坷悲苦，但她的文学成就永远令后人景仰！

幸福的爱是尊重

林徽因是民国著名的四大美女之一，更是一个知识渊博的才女，她是中国著名的建筑师、诗人和学者。

林徽因不但事业有成，她的爱情婚姻也十分美满幸福。这都源于她理智地对待爱情，她没有迷失于徐志摩的浪漫爱情中，用心选择了陪伴呵护她一生的好男人。她认为一个男人，只有富有责任感，能够让女人所依靠，他才是女人心中可托付一生的人。

在林徽因的爱情世界里有3个男人，一个是建筑大师梁思成真情伴她一生，一个是诗人徐志摩多情念她一生，一个是学界泰斗金岳霖痴情爱她一生。

16岁的林徽因随父亲游历欧洲，当时正在英国游学的徐志摩是她父亲的朋友，常来她家做客。情窦初开的林徽因被徐志摩渊博的知识、风雅的谈吐、英俊的外貌所吸引。徐志摩对林徽因的聪慧很欣赏，一对才子佳人热烈地相恋了。

但当林徽因得知徐志摩已娶妻生子的事实后，她经过痛苦的思索，与徐志摩不辞而别，和父亲一起提前回国了。

徐志摩对林徽因的爱浓烈而又强劲，他抛弃了结发妻子张幼仪，让一个怀孕的单身女人在英国无依无靠，当妻子生下小儿子刚满月就逼迫她离婚，从未过问母子在异国他乡如何生存，只满心欢喜拿着离婚证奔向他自己的幸福。他追回国却得知林徽因已和梁思成定下婚约。

林徽因虽也同样爱慕徐志摩的才华，但林徽因在爱情里并没有失去理智，在爱情与现实的矛盾中，她冷静地站在现实的基础上考虑问题：她不想背负破坏别人家庭的责难，还有她的母亲就是续弦，在家中没有地位，父亲又娶了一个小老婆且独宠她，林徽因不想步母亲的后尘。父亲为她选的未来女婿梁思成也很优秀，她同意了父亲为她定的这桩婚事。

多情的徐志摩很快又有了新欢，他和民国四大美女中的陆小曼相恋了。此时的陆小曼已是有夫之妇，她的丈夫王庚与美国总统艾森豪威尔是同学，曾留学西点军校。她在王家生活优越，经常被宴请参加国际要人政客名流的舞会，是当时名满京城的交际名媛。

但为了能和情郎徐志摩长相守，她打掉了腹中的胎儿，坚决和丈夫王庚离了婚。

伤心的王庚一生都没有再娶，他还给徐志摩写信让他好好待陆小曼。

1926年10月，徐志摩和陆小曼两个人为爱而疯狂，不惜与家人反目，不顾社会非议，如愿举行了盛大的婚礼。

1928 年，在欧美主攻建筑设计的林徽因与梁思成在渥太华的中国领事馆举行了婚礼。婚后梁思成对林徽因呵护倍至，夫妻二人致力于他们所热爱的建筑事业，两人相知相爱相敬度过了幸福的一生。

而徐志摩和陆小曼结婚后，虽想甜言蜜语浪漫温馨将爱情进行到底，无奈任何人没法把爱情凌驾于现实之上。由于陆小曼从小养尊处优，花钱如流水，经常出入交际场所。一心想要爱情的徐志摩，婚前大概从未想过他能否供养得起这位美人！为挣钱他四处奔波，不能常陪伴陆小曼于花前月下浪漫，他身兼数职的收入还是不够供养陆小曼。他竭力劝说陆小曼改变原来的生活状态，可陆小曼不愿做笼中的金丝鸟，为此两人经常争吵不休。这让徐志摩更加对得不到的林徽因念念不忘，他便常去参加林徽因的沙龙聚会。1931 年 11 月 19 日，徐志摩为了赶到北京出席林徽因的建筑史讲座，虽天气恶劣，但他还是搭乘邮政飞机赶赴北京，不幸飞机失事遇难。

林徽因极其活跃，家里几乎每周都有沙龙聚会，围绕在林徽因身边的，都是当时中国最活跃的文化精英。聚集着冰心、诗人徐志摩、哲学家金岳霖、作家沈从文、学者胡适、费正清等，他们谈论着文学、艺术、科学、哲学、人生。

哲学家金岳霖始终是梁家沙龙座上常客。堪称学霸的金岳霖 1914 年毕业于清华学校，后留学美国、英国，又游学欧洲诸国，回国后主要执教于清华和北大。金岳霖对林徽因人品才华赞羡至极，林徽因对他也十分钦佩敬爱。

终于有一天，当梁思成从外地考察回来，林徽因坦率地告诉丈夫："我苦恼极了，因为我同时爱上了两个人，不知道怎么办才好？"

丈夫梁思成听后很痛苦，但他没有责怪妻子，经过思想斗争，他认为金岳霖比自己优秀，能给予林徽因更多的幸福，他把选择权交给了妻子，"你是自由的，如果你选择了金岳霖，我祝你们永远幸福。"

当林徽因听到丈夫这样有境界的话语后，她感动地抱着丈夫哭了，她庆幸自己拥有这样一个品德高尚如此爱自己的好丈夫，她下决心这一生认准他不离不弃。

面对胸怀如此坦荡的梁思成，金岳霖很敬重他，“看来思成是真正爱你的，我不能去伤害一个真正爱你的人，我应该退出。”

他们尊重崇高的感情，从此三人终生为友，长期以来，一直是毗邻而居。

林徽因一生爱得从容，活得幸福快乐，这都源于她选择了一个好丈夫梁思成，他一生自始至终爱着她、宠着她、尊重她、信任她、理解她！

事实证明，林徽因不嫁徐志摩而嫁给梁思成的选择是明智正确的。

徐志摩当初爱上了林徽因，就抛弃了结发之妻张幼仪，追林徽因一段时间后，他便很快又热恋上了北京名媛陆小曼。徐志摩虽多情却寡义，他伤害了张幼仪，也伤害了王庚，还有陆小曼。如果不是意外身亡，不知还会闹出多少风流情事？

而梁思成对爱情婚姻用情专一，用一个真正男子汉大丈夫的宽广胸怀爱妻子所爱！他以实际行动向林徽因证明了她的选择是正确的。

当初因为林徽因热爱建筑学，他便陪同她学建筑学，梁思成在事业上是妻子林徽因的最佳搭档，曾一起为新中国建筑史做出了辉煌的业绩。

在感情上，梁思成对妻子林徽因给予充分的理解、尊重与信任。试问世间有几个男人能做到？

对于林徽因与徐志摩的感情，梁思成是清楚的，但他能够对妻子宽容体谅；更难能可贵的是，徐志摩在济南飞机失事以后，梁思成特地在出事现场为林徽因捡了一块飞机的残骸作为永久的纪念。他能容许林徽因在自己的心里为初恋徐志摩保留一席之地。

当林徽因要在他和金岳霖两人中间做选择时，面对妻子感情出轨，他虽痛苦，但他没有纠结于个人得失，却以妻子的幸福为重，他尊重妻子的人格："你是自由的。"甚至与爱恋自己妻子的情敌金岳霖成为一生的挚友，他坦荡的胸怀气度成全了妻子林徽因和金岳霖终生的精神之恋。

金岳霖终生未娶，爱了林徽因一生。他自始至终都以最高的理智驾驭自己的感情，他爱她，却不自私地占有她，尊重她的选择，不破坏她的家庭，还协调他们夫妻间的矛盾。

梁思成一家和金岳霖长期做邻居，两个男人同时爱着一个女人，却相处融洽，这就是君子之交！

金岳霖一生都默默关注着林徽因的尘世沧桑，乐她所乐，悲她所悲。在她需要时为她做一切，林徽因身子弱，他就经常养鸡，给她补身体。林徽因晚年一直病卧在床，金岳霖每天都给她念诗读书、逗她开心。在精神世界里，他俩是相爱的灵魂伴侣！

金岳霖对林徽因这样深沉高尚的精神之爱，深受感动的丈夫梁思成说：其实最爱林徽因的，是金岳霖！

金岳霖为林徽因终身未娶，晚年的生活由林徽因和梁思成的儿子梁从诫照料，他们亲切地称他"金爸"。而他去世后，也和林徽因葬在同一处公墓，像生前一样做近邻。

物质是婚姻的保障

爱情是婚姻的基础，物质是婚姻的保障。

爱情是精神享受，婚姻需要物质维持。

每一对相爱的人都想组建一个爱的温暖之家。所以女孩在选择男友的时候，重点注重他的人品修养、兴趣爱好的同时，也要考虑他的经济状况。

有些男人总是指责女人太物质，但芸芸众生谁不生活在柴米油盐、穿衣吃饭的物质现实中？爱情可以只是互诉情爱，但婚姻真的就是一笔笔经济账堆砌起来的啊。

在物质富有的婚姻生活中，每个女人都活得开心快乐，打扮得漂漂亮亮，尽情购买自己喜欢的化妆品和服饰，和丈夫游山玩水，赏习棋琴书画，吃着烛光晚餐，活得自在而又从容。这样舒心的婚姻生活中，滋润得女人心灵恬静、气质优雅，能不对丈夫温情软语、浪漫多情吗？

在物质富有的婚姻生活里，女人免受艰辛生活的沧桑，保持着一颗纯情快乐的少女心。她快乐地和孩子一起做游戏，和孩子一起到户外踏青放风筝，骑马游泳滑冰。没有家庭琐碎俗事的烦扰，能不对孩子温柔以待、专心教导吗？

物质富有的婚姻生活让爱情更甜蜜、更浪漫、更持久。

可是在物质贫乏的婚姻生活中，女人省吃俭用，操持家务，皮肤越来越粗糙，穿衣越来越破旧，形象越来越粗俗。要为缺衣少食的家庭生活奔波挣钱，还要照顾丈夫儿女的吃穿用度，艰辛的生活已把一个青春少女打磨成沧桑妇人。

辛苦付出也就罢了，有几个丈夫能像启功先生一样深情感念妻子的辛苦付出，他根本不理解你因爱他、嫁给他所吃的苦，所受的委屈，还嫌你不温柔爱唠叨，变成个黄脸婆。

没有钱好多事情办不成，日子过不好女人着急才唠叨。生活的压力早已让人的心绪烦闷，还有什么好心境恩爱？还有什么好心态闲时间给予孩子快乐？

缺乏物质的婚姻生活中，没有钱真的事事艰难，贫贱夫妻百事哀。每天都要为钱发愁为钱烦恼，心绪烦躁的夫妻难免争吵抱怨，甚至吵成冤家仇人，再美好的爱情都会被现实生活消磨掉。

不是女人拜金，人人都需要钱，这就是现实生活。

第八章　善于经营婚姻

一对恋人幸福携手走进了婚姻生活，意味着两个情感相恋的人就要经受柴米油盐家庭琐事的考验，两人共同度过日复一日年复一年的平平淡淡的生活。

刚开始谁的婚姻都是蜜糖，可有的人过成了一团乱麻，剪不断理还乱，而有的人过得有滋有味，夫妻恩爱家庭和睦。

在这平淡的婚姻生活中，怎样才能锦上添花活出滋味活出精彩呢？这就看你是否善于经营婚姻生活，幸福的婚姻是彼此付出，彼此欣赏，彼此成就。

经营婚姻生活有很多学问，经营得好，平淡无奇的婚姻生活温馨甜蜜，令人恋恋不舍；如果不善于经营，曾经多么恩爱的夫妻也会经不住家庭琐事的烦扰，经不住长期吵架斗殴，日久生厌彼此嫌弃情尽缘灭。

现在年轻人都追求无拘无束、张扬个性的生活，男人想我堂堂七尺男儿怎能向妇道人家低头呢？女人想我干吗要讨好男人委屈自己呢？

男权思想和女权主义在家庭生活中是要不得的。

在漫漫的人生道路中，我们要承受工作压力、疾病痛苦，结婚是为了双方互相慰藉，互相温暖，互相帮扶，让生活变得更幸福更有意义，而不是一方改造对方，更不是一方征服对方。

这里所谈的经营婚姻不包括错嫁渣男的悲剧婚姻，这种婚姻对于女人来说苦海无边，你付出你的青春、你的健康、你的心血来经营这个家，而丈夫却对妻子的付出无动于衷。当他贫穷卑贱需要你的时候，他可以为你无耻地下跪，当他富贵发达不需要你的时候，一副小人得志的张狂嘴脸。他从不会感念你的任何付出，薄情寡义恨不得立马让你滚出家门流落街头。

当你认清了渣男的真面目，悔恨错嫁了他时，千万不要忍辱负重，苦海无边回头是岸。最好的出路是快刀斩乱麻，和渣男划清一切界线，最好老死不相往来。重新规划自己的生活。

女人学会持家理财

拥有充足的物质做基础，才能让生活无忧无虑，才能快乐地享受爱情的甜蜜。新娘子首先掌握家中的财务权，只有经济独立的人才能做到人格的独立。女人没钱才学坏，男人有钱就学坏，所以说女人管理家中的钱财，对家庭的稳定和谐很重要。

女人耐心细致，柴米油盐精打细算，各项收支做好合理规划，为家庭持续发展提供后援力量。一个好女人不但是家庭情感沟通的桥梁，也是一个持家理财的能手。

电视剧《大宅门》里的二奶奶聪明智慧，不但振兴了家业，还未雨绸缪在各家银行存放了珍贵药材和现金，以应不时之需。果不其然，在战乱的年月，老老少少上百口人的大家庭面临困境，连年关也难过，在这困难关头，年事已高的二奶奶拿出了盛世珍藏的钱财，为全家族人解困，再一次挽救了家庭的败落。

事业和金钱在男人心目中是第一位，女人抓住了钱财就等于抓住了放飞风筝的线，让男人这只想自由飞翔的风筝永远飞不出你的视线。

男人有钱就容易学坏，男人是可以把爱和性分开的，他能和自己并不爱的女人上床，只为寻求一夜情的刺激。外面的花花草草对男人的诱惑太强了，女人掌控了钱财就等于断了男人学坏的资本。外面那些水性杨花的女人决不愿意给一个吃不起高档餐饮，开不起高级宾馆，送不起高档礼物的小气男人当二奶。

对没有固定经济来源的女人掌握家庭钱财尤为重要。这部分全职家庭女人把全部精力和时间都花在料理丈夫和孩子日常生活。一旦天有不测风云，丈夫移情别恋家庭破裂，没有了丈夫女人可以活，但孩子是娘的心头肉，无论多么难也不能舍弃孩子，有了钱衣食无忧可以尽心尽力抚养孩子。

最近几年，男人抛妻弃子玩失踪的事情时有发生。

去年我去兰英家聊天，看到她丈夫在床上逗着不到两岁的小女儿玩，15 岁的大儿子坐在书桌前写字，她正在做着香喷喷的饭菜，一家人其乐融融。我很羡慕兰英有一位长得帅还会挣钱的老公。

最近我在半道碰见她正抱着女儿无精打采地走着，我奇怪今天她怎么没开车还一脸憔悴？她看见我后伤心地哭泣着，告诉我她的丈夫开着车失踪了，经她多方打探才得知丈夫早已在外面养个小三，并且那女的还为他生了个女儿已经 3 岁了，他带着小三一起私奔了。

男人总是爱屋及乌，他最爱那个女人，就一定最疼爱那个女人为他生的孩子。而女人不管是和谁生的孩子，就算恨着孩他爸，但依然疼爱孩子当命根。

这个男人不爱妻子了，也不管两个孩子了。

由于丈夫在外做生意她也没过问过挣了多少钱，只一心一意操持家务照顾孩子为丈夫守着家，丈夫平日给的生活费够花就行。谁会料到他和妻子没了情分，却连孩子也不管了，娘仨没有生活来源，只能去政府申请生活救助。

幼小的孩子被妈妈的哭泣吓着了，她睁着一双黑葡萄似的大眼睛惊恐地注视着伤心的妈妈，不知道发生了什么事，她伸出小手心疼地为妈妈擦着泪水，看到这一幕我的心也碎了！一个个破碎的家庭，一颗颗受伤的心灵，这种不幸的婚姻悲剧何时休？

女人想幸福就努力赚钱，努力保养自己，努力活得快乐，当你变得越来越优秀时，丈夫会更加尊重你，即使他对你还是不好，你也会活得很快乐，不可以为感情委曲求全伤害你自己。

当你拥有丰厚的物质财富，有自己的社交圈，精神有所寄托。到那时,丈夫对你的态度已不是个事儿,他对你好,你回报他温柔,如若他对你冷淡,恕不奉陪,姑奶奶我要休了你。

引导丈夫做家务

新婚夫妇感情正浓,尤其是丈夫对好不容易追到手娶回家的新娘子宠爱有加,聪明的新娘子一定要在这一段夫妻感情黄金时期培养丈夫和自己和谐相处的好习惯。

新娘子还要培养丈夫一起做家务的习惯,一旦习惯养成,日常生活中夫妻二人互帮互助和谐相处。

如果妻子一人承担了全部家务,被你宠得越来越懒的丈夫对你辛苦的付出认为是理所当然。等到有了孩子以后,妻子一人既要手忙脚乱照顾孩子又要操持家务,劳累得心烦意乱,忍不住唠叨抱怨丈夫,孩子哭妻子吵,丈夫就烦得没有心情回家。夫妻口角不断,天长日久影响夫妻感情。

引导丈夫做家务有技巧,不要用命令式的口气强迫他去做,而是要和丈夫一起干家务活儿,还要不时夸赞他几句,满足他的虚荣心,让他心花怒放享受做家务的乐趣,还能培养他爱家的责任感。习惯成自然,只要你引导得当,一旦丈夫养成了做家务的好习惯,以后不用你说,他也会主动帮你分担家务。

当你上班回来晚时,先回家的丈夫会熟练地将家里收拾得整整齐齐,当你饥肠辘辘踏进家门,丈夫已将可口香甜的菜饭端上桌,你感动地送给他一个亲吻,他会很享受地看着你风卷残云吃完饭菜。这样温暖和谐的家谁不向往留恋呢?

记得好几年前我认识了一个正读高中的女孩,她来接学琴的妹妹回家。我看到她们姐妹俩年龄相差10岁左右,我有点好奇询问她家的情况,女孩很愉快告诉我说:“我家是最和谐幸福的,我爸爸妈妈在我的记忆中从来没有吵过架。在日常生活中,他们俩谁先回家谁做饭,干家务活儿时,他俩总是玩儿时玩的石头剪刀布的游戏定输赢,输的一方干活儿。

他们俩都有工作,都有一份不错的工资收入,爸爸经常给外公外婆钱，妈妈经常给爷爷奶奶钱，爷爷奶奶逢人便夸他家有个孝顺的儿媳妇，外公外婆则夸他们有个好女婿。

爸爸妈妈很爱我，经常带我出去玩，春天我们去踏青，感受大自然的活力，夏天我们去捉蝴蝶游泳，秋天我们去乡下体验农民喜获丰收的繁忙景象，到果园采摘沉甸甸的香甜水果，冬天我们去堆雪人打雪仗，欣赏冬季别样的风景。”

女孩动情的讲述引人入胜，有爱就有精彩的生活。多么和谐幸福的家庭啊！

以柔克刚

热恋中的两个人尽力把各自最好的一面展示给对方，而在平淡的婚姻生活中，夫妻二人都是真性情，有些生活习惯对方一时难以接受，有些事情意见不统一，种种家庭琐事引发矛盾，争吵在所难免。

如果生了孩子，白天上班忙，晚上照顾孩子累，两个人的矛盾不断升级，吵闹频繁，吵得人心情烦躁，吵得人情绪失控，脾气暴躁的男人忍不住挥起拳头想揍女人！

如果是个脾气急的女人怒目相向，恶语相加不依不饶，那暴风骤雨般的家庭大战无法避免了。

如果是个温柔识趣的女人，她会一笑泯恩仇，还打趣地说：“打是亲骂是爱，你舍得打吗？”面对这样大度包容的女人，男人的气顿消一半。

“你发火还挺有男人味的！”被捧的男人更不好意思生气了，有理也得让着女人点。

小卢是个很会把握分寸的女人，每当丈夫在外喝酒或者打麻将回来晚了，盼丈夫回家等了半夜的她早已等得不耐烦了，一肚子怨气正等着丈夫回来发泄。

她杏眼圆睁冲着刚进门的丈夫大声训斥着：“谁让你进来的？乖乖站到门口认错！”

只见丈夫满脸堆笑说着讨好她的话，一边拿出一大堆买给她最爱吃的零食哄她吃，她不依不饶，训够了解气了才肯吃。

如果有一天她正骂得欢，却见丈夫不像往常温顺，心情糟糕生气发怒了，她立刻从怒目圆睁转换成笑脸盈盈，还咯咯地发出脆脆的笑声，一边上前摇晃着丈夫的手臂，一边柔声说："人家是跟你开玩笑的，看你小心眼儿当真了。"

这对夫妻在一起度过了 20 年的岁月，还是你恩我爱，令人羡慕。分开几天互相问候的电话不断，两人有时吃吃烛光晚餐，有时出去游玩。她丈夫是搞运输的，每次回来都给妻子买各种好吃的，把她都喂成个胖子了。

丈夫挣的钱都主动交给她管理，如果她花自己挣的钱，丈夫会埋怨她，"必须花我挣的钱，我挣钱就是给你和女儿花的，你和女儿的幸福是我挣钱的动力。"

多么和谐恩爱的一对夫妻啊！

和谐的婚姻关系需要用心经营。

少点唠叨多点信任

在婚姻生活中，鸡零狗碎的家常事导致各种矛盾，令夫妻双方很难避免吵架的事。家务缠身的女人情绪不佳，变得嘴碎爱唠叨，为一点鸡毛蒜皮的小事吵个不停。

男人们常说：没有女人冷冷清清，有了女人鸡飞狗跳。

学会信任，在一段感情关系中，彼此信任是非常重要的，不信任是对夫妻双方最大的伤害。听到点风言风语，还没有证据，就怀疑对方和同事有暧昧关系，总是逼着让对方交代，挖苦讽刺恶语相加，吵着吵着被冤枉的一方气急败坏，心寒意冷，一不做二不休，把出轨的恶名坐实，一个家就这样在无休止的唠叨吵闹中散了。

男人吵架注重理由，女人吵架注重态度。无论闹得多凶的女人，只要男人放下大男子主义的身段，无论实际有没有错，只要你表个认错的态度，轻言软语哄哄女人，她就会破涕为笑，和丈夫和好如初。看似丈夫吵架没占到上风吃亏了，实则会得到妻子更多的爱。

是人都有犯错误的时候，只要丈夫不触碰婚姻底线，女人吵几句，只要丈夫哄哄给个台阶下，见好就收，切不可为芝麻大点小事吵闹不休。夫妻之间，是同一条战线的，没必要争个你死我活。

建立了良好的信任关系，夫妻双方适当地给对方一些自由空间。如果一个人做任何事都受到别人管制，没有任何自由，可想而知他的心情会有多糟糕，天长日久他一定忍受不了失去自由的生活。

但自由是有限度的，适当的监管和敲打是很有必要的。一句话，软硬兼施，既有态度，又有温度，要让他明白，不可原谅的错误，是不能原谅的。

如果丈夫触碰了婚姻底线，比如发生了婚外情，这时候妻子一定要拿出态度与丈夫决战到底，吵闹得让他悔过自新为止，同时也要做好离婚的心理准备。如果丈夫屡犯不改，那就痛下决心斩断情丝离婚。

男人喜欢保护小女人

女人有时学会装傻，在需要帮助的时候不要吝啬求助于丈夫，让他的男子汉气概得到发挥，让他有展示的机会，这是男人赖以生存的面子问题和虚荣心。把握这一点，他会意识到自己是被你需要的，而你是必须要他来保护的。这样的关系让男人们对自己信心倍增，让你成为他努力的一切动力。

琼是一位南方的女孩，在工厂里认识了北方小伙小强，两人相爱后，琼跟随他来到北方的家乡。

琼凭她的精明能干，在一家大型超市担任经理一职，丈夫开了一家修车店，两人为改善家庭的经济生活努力工作着。

日子在平淡中度过，生了孩子后，夫妻二人感到生活更加忙乱，夫妻俩口角不断。琼对待丈夫就像对待员工一样采取高压政策，丈夫一怒之下卷铺盖到店里去睡。

这一分居就是半个月，虽然没人吵架了，可家里冷清多了，琼心里不是滋味。她冷静下来仔细想想，她为了爱情，不远千里来到这陌生而遥远的地方，不就为追随他而来吗，如今也生下了自己的亲骨肉，难道就这样放弃一切吗？想到这她有些悲伤和不舍！再说丈夫又没犯大错，她决心一定要找回两人曾经的恩爱。

第二天，琼给小姑打了电话谎称孩子感冒了，让她告诉丈夫。不一会儿丈夫果然急匆匆赶回来了，琼扑进丈夫的怀里梨花带雨般哭成个泪人，她请求丈夫再别离开她们母子，因为她和儿子夜晚太害怕。

从此后，琼睡觉时都要求丈夫搂着她，夫妻感情融洽了很多，丈夫也时常帮助照顾孩子，因为他知道妻儿夜晚需要他这个男子汉守护着，妻儿的梦才会做得香甜。

知足者常乐

古人云：嫁给状元当娘娘，嫁给屠夫翻肠肠。从古到今证实了一个道理：选择什么样的男人，就有什么样的生活。

娟子虽然没有工作，长着一张大众化的脸，但她会打扮，倒也显得青春靓丽。经人介绍和当老师的小伙子小张谈对象，两人感觉都不错，谈了半年后就结婚了。

婚后张老师把工资卡交给了老婆娟子，他个人不喝酒不抽烟，衣服也穿得很朴素。平时不花什么钱，也就亲戚朋友有个红白事情，需要送礼金一二百元，还有朋友请他吃几次饭后他也得回请人家，这都是礼尚往来人之常情。可是小张从老婆娟子那里拿钱每次都颇费周折，他哀求两天后她才骂骂咧咧给点钱，有时甚至把钱甩在他脸上。

老年人常说穿衣吃饭量家道。按当地生活水平，小张一月4000元的工资除日常开支后每月能存2000元还是可以的。但娟子爱打扮用的化妆品是贵的，买的衣服是贵的，这样的开销总是月光族。

缺钱花的娟子心情自然烦躁不已，就不断抱怨丈夫小张，“你看看人家隔壁老王一月挣个万儿八千不在话下，人家老婆穿金戴银，打扮得时尚潮流，我都感觉自己穷得抬不起头做人，都怨我当初瞎了眼跟了你这么个不争气的男人。”

被经常数落的小张也苦闷不堪，“我是没人家老王挣得多，可我只会教书育人，没有人家做生意的能耐。难道要放弃工作下海经商，那肯定会淹死的。”

当娟子一副十足的委屈样向我诉苦时，我劝告她：“你知足吧，别身在福中不知福。小张为人善良忠厚，对你百依百顺。你想当有钱人家的太太，那怨你当初怎么不选择有钱人嫁呢？当初是你自己愿意嫁给一月就挣三四千元的张老师，你应该满足现状。”

现实中有好多这样的事例，既然你已选择了他做你的丈夫，证明你已全盘接受了他的全部。如果他进步了，那你高兴地为他祝贺，如果他能力有限只能维持现状，那你也不必抱怨，这个人就是你当初自己选择的。

活在当下，知足才能常乐。

做个温柔、漂亮的女人

没有永久不变的爱情，激情过后是平淡，在平淡的婚姻生活中，要想丈夫一辈子宠着你、爱着你，心甘情愿把辛苦挣的钱全都交给你，首先你得爱对人、嫁对人，其次你得演好自己的女人角色。女人是水做的，女人最大的特点是温柔。

最吸引男人眼球的是女人的美貌，而最打动男人心弦的是女人的聪慧温柔。

穿着打扮要有情调。结了婚的女人已不注重打扮自己，她们认为老夫老妻了双方早已熟悉，打扮给谁看呀。还有忙不完的家务操不完的心，哪有心思和时间打扮自己。

当你蓬头污面衣衫不整穿着拖鞋去给回家的丈夫开门，他看见你一副懒样子，恐怕不愿再多看一眼。

放弃对自己的管理，放弃对自我的提升，自毁形象让你魅力消失，与保姆无异，男人想继续爱你也没心情。

当你梳洗打扮一番，穿着合身得体的衣服香汗淋漓地干着家务，这么惹人怜爱的妻子，丈夫会心疼地走过来拥抱你，这无形中增进加深了夫妻感情。

做个有情调的女人

在工作之余，要刻意创造浪漫的家庭氛围。

两人出去散步的时候，你应该小鸟依人般挽着丈夫的手臂，让他感觉自己是个伟岸的男人，两人一边欣赏大自然的景致，一边闲话家常交流情感。

思想修养要有情调。日复一日平淡的日常生活会让人有些厌倦，只有肉体接触没有情感交流的夫妻心灵是最孤独的。

一些具有纪念意义的特殊日子里，你可以早早回家准备一顿丰盛的晚餐，再准备点葡萄酒。一家人其乐融融吃完饭后，你可以弹钢琴或电子琴让丈夫欣赏你的音乐才情。

红色的窗帘，柔和的灯光下，动作优雅的你正忘情地弹奏着沁人心脾的音乐。

音乐是最能营造温馨和谐的氛围，音乐可以升华情感，音乐可以触动每个人心灵深处最柔情的一面。无论你用什么乐器演奏，都可以给众人留下难以忘却的美好回忆。在大家的印象中，你是一个才情满怀有情调的女人。

当音乐让你们夫妻二人陶醉，当音乐让你们夫妻二人激情涌动时，你们相互拥抱跳一曲双人舞，或者欣赏着皎洁的月光对饮一杯。这浪漫温馨的时刻，让你们的情感得到交流融会，心心相印的夫妻感情牢不可破。

注重心灵沟通

我始终认为双方由于容貌的吸引，肌肤之亲的结合只能称为情欲之恋，而真正的爱情不单是双方的容貌吸引，肌肤之亲，相互陪伴，更需要双方在精神情感方面的交融，心灵的沟通，思想的共鸣。

有多少走进婚姻生活的夫妻感叹相爱容易相守难！

由于两人相爱只愿天长地久，双双携手幸福地跨进婚姻的殿堂。

在婚姻生活中，我们不能单纯想以责任、良心、道德来要求对方对爱情忠贞不渝，不能用责任、良心、道德来绑架爱情。

爱情是愉悦的心灵盛开的花朵，要精心呵护爱情的成长，要像养一盆鲜花一样对待爱情，让爱情这朵美丽的鲜花充满活力。鲜花需要耐心细致的浇水、施肥、松土。要想让你们的爱情长期“保鲜”，也需要不断地给予爱情养分。

在爱情婚姻生活中，需要夫妻双方互相关心、互相扶持、互相包容，更需要夫妻双方相互学习，在精神世界共同成长进步。

好多恋人结婚后，夫妻双方不注重相互交流学习，尤其是女性容易把全部精力放在家庭生活中，没有机会接触社会，没有精力发展自己事业，这样容易造成故步自封。而在外面打拼的丈夫眼界开阔，阅历更加丰富。

天长日久夫妻二人共同语言越来越少，思想交流有了隔阂。夫妻二人只有肉体的接触，缺乏心灵的沟通，不能达到灵与肉的完美结合，爱情之花逐渐枯萎，婚姻堡垒也将危机四伏。

作为妻子不但要关心丈夫的饮食起居的日常生活，更要关注他的精神世界。比如说陪丈夫看看球赛，和他一起做他喜欢的运动。丈夫也应该抽空陪妻子逛逛商场，倾听她的苦乐诉说。夫妻培养共同兴趣，为爱情加分。

婚姻生活中，夫妻双方增进思想心灵的沟通，是非常重要的。性生活是夫妻感情的润滑剂，思想心灵的沟通是夫妻感情的纽带。

用真情真爱经营婚姻生活，夫妻俩要做到既是生活伴侣，更是精神伴侣，夫妻彼此互相爱恋、互相扶持到人生的终点，那种情爱真正是源远流长，真情真爱。

二十年恩爱如初

在漫漫的人生道路中，婚姻生活需要夫妻双方互相体谅、互相包容、互相珍惜，和谐相处的家庭生活环境令人身心愉悦。

有一双对爱情忠贞不渝的明星夫妻，他们就是张卫健和张茜夫妇，不管他塑造了多少经典作品，在张卫健的心里只有妻子张茜是最懂他的女人。

他们的爱情故事很美丽，恩爱相守 20 年不改初心，在这个充满诱惑的世界难能可贵。

回顾两人的感情史，发现他们的情路要比很多人坎坷得多，却经受住了现实生活的考验，相互扶持 20 年不离不弃！这就是真正的爱情：两个人相守在一起，两颗心相系在一起就是最幸福的。

让我们了解学习张卫健和张茜夫妻是如何经营二人甜蜜幸福的爱情婚姻生活的。

张卫健和张茜，这对娱乐圈的模范夫妻，自从在婚礼上新郎张卫健深情地对新娘张茜说："我将给你我这一生的忠诚和爱情。"他时刻牢记着自己对妻子的承诺。

在喜庆的婚礼中，新郎都会深情款款地对新娘说那句感动人心的话，可是有几人能真正遵守诺言实践诺言呢？

张卫健说到做到，无论岁月如何，他始终信守对妻子的诺言。今年 52 岁的张卫健和 43 岁的妻子张茜从相识相恋到结婚相守整整 20 年风雨历程，他们用心用情珍惜着经营着爱情婚姻，让爱情之花永远芬芳迷人。

1997 年，张卫健在拍《欢喜游龙》时，张茜同在一个片场拍摄《神捕》，两人因此初识。1999 年，张卫健接拍了电视剧《陈梦吉传奇》，女主角就是张茜，两人有大量的对手戏，久而久之就产生了情愫。随后他们相恋 10 年才结婚，感情始终稳定甜蜜。

他们俩已经相伴了20年，唯一遗憾的是至今无儿无女，新闻报道说张茜衰老速度太快，竟然比张卫健苍老很多，却还依然恩爱如初，这就是爱情的魅力。

张卫健有情有义

张卫健是1965年出生于香港，中国香港男演员、歌手，香港电视专业人员协会荣誉副主席。1996年，凭“孙悟空”获TVB“我最难忘的男主角”，之后张卫健转战内地。

张卫健在刚踏入内地时，凭借自己幽默搞笑的风格，迅速成为内地“当红一线明星”，《少年英雄方世玉》《少年张三丰》《小鱼儿与花无缺》都是经典之作。张卫健凭电视剧《西游记》攀上事业高峰，他成功塑造的“孙悟空”形象令他成为圈中的当红明星。

张卫健曾经历投资失利，1997年金融风暴，差点面临破产。庆幸当时刘德华赏识他，找他拍戏，又借钱给张卫健渡过难关。直到今日，张卫健都好感激他。张卫健庆幸有几位全力支持他的好朋友，一直鼓励他坚持演艺发展，令他没有放弃自己。

如今52岁的张卫健重返娘家TVB为TVB50周年台庆剧《大帅哥》坐镇。他说：只为报恩，不计报酬。

正是张卫健有一颗报恩的心，因为他是个重情重义的人，他是个知恩图报的人，他的好人品使他对妻子的恩爱永不变。

他感念当年张茜和他刚开始谈恋爱时，自己处于运滞期，事业处于低谷，加上投资失利濒临破产，当时问她如果自己破产会不会在一起，她永远给予正面和鼓励的答案，无论是好是坏都留在自己身边。

虽然两人已在2004年领了结婚证，但为了抚平张茜流产的伤痛，张卫健特意在菲律宾圣奥古斯汀教堂举行盛大豪华婚礼，据说是张卫健花了百万精心打造的。

张茜是个很幸福的姑娘，张卫健是个称职丈夫，他对经历了两次流产之痛的妻子更加疼爱，虽然至今妻子没有生下儿女，但两人感情愈加深厚。

营造温馨浪漫生活

张卫健、张茜夫妇是娱乐圈出了名的恩爱夫妻，小两口常常在访谈节目中大谈恋爱婚姻中的各种温馨小故事，惹人羡慕。

但是他们两人既互相依恋又互相独立，两人有自己相对的自由空间，张卫健工作的时候，张茜就去做自己的事情，学习自己喜欢的东西，双方都有自己的事业，互不干涉，但是会相互帮助，相互扶持。

张卫健和张茜在一起相聚的时光，总是充满了生活情趣。

他俩也会像其他普通夫妻一样，张卫健陪着妻子逛商场购物。妻子张茜挽着张卫健的胳膊悠闲地逛商场，一边逛一边亲密交谈，时不时还十指紧扣。二人至今相爱 20 年，还是无子相伴，但他俩的感情更加深厚。

夏天夫妇二人会去海滩度假，张卫健与老婆张茜在碧海蓝天的沙滩上，两人享受着温馨快乐的时光。

冬季白雪皑皑的世界，张卫健和妻子张茜像两只快乐的小鸟一样一同滑雪，尽情享受大自然的乐趣。

无论苦与乐，他们夫妻二人一同承担，一同快乐。无论何时何地，他们夫妻二人心里想着对方，给予对方无限的温暖。幸福就是这么简单！

愿得一人心，白首不相离。张卫健和张茜夫妻的忠贞不渝的爱情佳话令人羡慕，令人敬佩。

在当今离婚率居高不下的时代，让很多人觉得不再相信爱情，但看到张卫健和张茜二人无论是贫穷还是富有，无论是快乐还是伤痛，无论是年轻还是衰老，始终不违背爱的誓言，始终不离不弃相亲相爱。令人好生羡慕这对恩爱夫妻，让我们又开始相信爱情，向往着甜蜜长久的爱情！

第九章　女人不要放弃自我独立

在现代婚姻自主、恋爱自由的时代，我相信绝大多数热恋的青年男女能幸福地牵手走进婚姻殿堂时，他们都是一心一意地爱着对方，渴望着两人一生相爱，一生相伴，不离不弃白头偕老。

可是现实生活中，谁也无法预知未来的生活道路是怎样的，相爱容易相守难。

因为婚姻，女人就会轻易把自己的一切托付给丈夫，自己甘愿相夫教子，洗衣做饭，为全家人的衣食住行忙得忘记了斗转星移的岁月。当男人离去时，女人才如梦初醒，哭天抹泪无所适从。

凡事都不要依靠别人，在这个世界上，最能让你依靠的人是自己，能拯救你的人也只能是自己。

一定要做一个独立的女人，才能活得好。女人的独立不单纯指经济独立，真正的独立，要做到思想的独立、经济的独立、人格的独立。

因为谁也无法预料未来生活又会变成什么模样，只有依靠自己，才能活得踏实可靠，只有依靠自己才能活得更有尊严。

爱情也需要，事业更重要，女人能做到爱情事业双丰收就是人生赢家。

男性容易出轨

在几千年的封建社会，男尊女卑，一个男人家中拥有三房四妾甚至更多的女人，可他们还是不满足，又到春楼妓院买春寻欢作乐。

文明在发展，社会在进步，如今女性社会地位得到了前所未有的提升，法律保护一夫一妻制。可是杜绝不了一部分男人买春寻欢作乐的劣根，造成了无数例因男人有婚外情而导致妻离子散的悲剧婚姻。

在如今的社会，离婚率已经节节升高，很多男人结婚后还是觉得家花没有野花香，婚后各种出轨、小三新闻源源不断，家里红旗不倒，外面彩旗飘飘。

这是因为男人的雄性荷尔蒙的分泌旺盛，他们有强烈的征服欲和占有欲，他们可以把爱和性分开对待。只要有一个外貌符合一个男人审美标准的女人愿意和他交往，虽然他不爱她，只是有一点喜欢，但他很乐意和她发生一夜情。

美国心理学家拉塞尔·克拉克和伊莱恩·哈特菲尔德请一位迷人的女士帮助他们进行一场实验。

“你今晚愿和我一起过夜么？”这位美女在一所大学的校园里向陌生男子问道。

75%的男子表示立刻可以和她走，其余25%的人中有大部分表示遗憾，称今晚已有约会。将提问者换成美男子，结果只有6%的女性表示可以去他家里，但没有人答应立刻动身。

这个实验揭示了人类繁衍的主要矛盾。男性和异性交往很开放，很随意，他们渴望拥有很多异性伴侣，他们追求数量。男性更喜欢拈花惹草，一夜情对他们来说没什么大不了的，但女性显得很保守，不会随意和异性发生亲密关系。女性追求质量，只有当她们从心理情感方面接受了对方，才会示爱给对方。女性不容易移情别恋，至少在一段时间内要把可靠的伴侣拴在身边。

妻子可以容忍丈夫有很多坏毛病，最不能容忍的是丈夫对自己的不忠和背叛。

可是有些男人认为和外面的女人寻欢作乐就像喝一顿酒一样随便，总是认为女人小题大做，不就是不经意犯了错，可我还是爱你的，怎么就不依不饶非要闹离婚呢？你的不经意犯错却是对妻子最沉痛的伤害!

男人天生喜新厌旧这一特性导致了他们很难把心彻底地交给一个女人,他们对自家女人以外的世界更加的好奇,男人不论娶到的女人是多么的贤淑和完美,他们都会想要尝一下其他"食物"的美味。

民国时期在北大任教授的黄侃在感情方面随心所欲,在其短暂的人生中,曾经有过9次婚姻,平均3年换一次妻子,堪称情场上的浪子。

被黄侃始乱终弃的第二任妻子黄绍兰当时为了黄侃不惜和父亲断绝关系,生下一女后却被花心的黄侃抛弃。后来一直在学界,先后任章太炎国学讲习会讲师、广州中山大学国文系教授、上海震旦女子文理学院教授兼国文系主任等。但她始终挣扎在黄侃背叛她的痛苦阴影中,直至疯掉自缢身亡。

黄绍兰的至交章太炎夫人汤国梨在《太炎先生轶事简述》一文中公开表明她看不惯黄侃极不检点的私生活,骂他"有文无行,为人所不齿",是"无耻之尤的衣冠禽兽"。

花花世界,对男人的诱惑无穷无尽,自制力不强的男人总是在经意与不经意间犯下低级错误。尤其是事业有成的男士,如果再长得帅气点,暗中爱慕他的女人不知有多少,有心机的女人会使出各种手段诱惑他。

女性朋友们应该清醒地认识到男性容易出轨这个威胁婚姻的风险存在,现在这个社会,离婚虽然普遍,但对很多女性来说依然是一道难以逾越的鸿沟。身处不幸的婚姻当中,却又难以做出抉择,这是最痛苦的事。

克制男人出轨的不是妻子的美貌,不是妻子的贤惠,最有力的武器是男人自身的品德修养。

真正爱老婆、顾家有责任,有担当的男人,会想到后果,怕妻子伤心,不会做出伤害妻子的事情,怕家庭破裂,不会做对不起家庭的事情。

梁启超称赞王安石是夏商周以来史上唯一完美的人,那么王安石究竟有着怎样的高尚品质,能配得上如此赞誉呢?

古往今来，做到不爱钱、不怕死、不贪权的官员也不少，但是人人都有七情六欲，能像王安石那样经得住美色的诱惑，实属难得。

作为北宋政治家、思想家、文学家、改革家的王安石曾位居宰相之职。

一次，王安石办事路过苏州，苏州知府设宴款待，当时有官妓歌舞助兴。王安石见到有官妓，竟然不肯就座。苏州知府只好撤掉官妓，王安石这才入座。

还有一事，足见王安石不为女色所动。王安石与夫人吴氏相敬如宾，坚持不纳妾。贤良的吴氏瞒着丈夫给他买来一个妾，王安石回家后，见房间内竟坐着一位年轻貌美的女子，追问下才知是吴氏给他纳的妾，王安石竟执意把她送回原来的家。妻子给他送美女他都不要，王安石就是这样品格高尚的好男人。

王安石不但不好色，而且不爱钱、不怕死、不贪权，这样完美的男人堪当楷模。

可见一个品德高尚的人最懂得洁身自好。

可惜现实生活中拥有这样品德高尚的男人犹如宝石一样稀少，新婚姻法应该实施监管的措施：婚内出轨者净身出户！

希望女性朋友们也自尊自爱，不要插足别人的家庭，不要把自己的幸福建立在另一个女人的痛苦之上！

委曲求全的结局

婚姻从来不以女性的宽容与贤惠取胜，委曲求全的宽容如果没有坚守原则和底线，那你永远也得不到丈夫真正的欣赏和尊重，只会肆意被践踏。

谭咏麟在乐坛有着举足轻重的地位，在感情上也十分幸福。

谭咏麟的妻子叫杨洁薇，两人是在一家夜总会认识的，一见钟情，从此相亲相爱。1981 年两人结婚后，杨洁薇更是辞掉工作一心照顾丈夫，为他打理一切事务，细小到谭咏麟上台的穿着打扮，更是为谭咏麟学习舞蹈设计、灯光调度、编舞排舞等，并担当谭咏麟的经纪人，没有后顾之忧的谭咏麟一心一意唱歌。

更遗憾的是，为了不影响丈夫的事业，杨洁薇去做了两次人流手术，结果导致后来不能生育。为了丈夫，她失去了做母亲的权利。

这么优秀贤良的妻子也无法拴住丈夫的心。

谭咏麟在歌友会上认识了年仅 20 岁的朱咏婷，她比谭咏麟小 20 多岁。两人相恋并同居，朱咏婷为谭咏麟生下儿子谭晓锋。

虽然杨洁薇内心非常痛苦，但她爱丈夫也默许了这种微妙的关系，过着二女侍一夫的日子。杨洁微委曲求全维持着婚姻，她依然尽心尽力为丈夫打理财产，关心着他的生活和工作。

朱咏婷全心全意照顾着孩子，将儿子培养得很优秀，谭咏麟也为有这么优秀的儿子感到骄傲，经常对儿子赞不绝口。最终他在节目中公开说："我有个儿子叫谭晓锋，我有老婆叫杨洁薇，还有一个知己叫朱咏婷，我想说这两个女人都很辛苦，这十几年来我得到无比关怀和照顾，也得到许多的体谅和包容。"

而且他带着朱咏婷和儿子一家三口在公众场合公开露面，并且把妻子杨洁薇多年打理的财产也要全部转给儿子。自己的多年辛劳付出只为别人作嫁衣，伤心失落的妻子杨洁薇愤而出家以求得内心的平静。

这些年最痛苦的是作为妻子的杨洁薇，虽夫妻两人相伴多年却同床异梦，一直默默忍耐付出着，最终却一无所有，感情的伤害更令人痛苦！

几十年的默默付出，几十年的深沉的爱，最后换来的是孤独终老！

青梅竹马的婚姻也不牢固

著名作家六六和自己的丈夫两小无猜，青梅竹马，双方家长是同事，曾在一个小区居住，更是知根知底，可以说是互相了解最透彻、最熟悉的恋人，两人是门当户对郎才女貌的完美结合，曾令众人羡慕不已，可惜他们的婚姻却也经不住时间的检验。

六六是笔名，她的原名叫张辛，她从大学毕业后就从事外贸工作，24 岁时她和相恋了 9 年的丈夫结了婚，丈夫对她宠爱有加，她感到生活甜蜜而幸福。

只要两个人相亲相爱在一起，就没有克服不了的困难。1999 年张辛随丈夫迁往新加坡定居，为了丈夫能在新加坡好好深造，她放弃了自己原来稳定的外贸工作，到新加坡后她又从事幼教工作，他们的生活就这样平淡而幸福地度过。

结婚后张辛夫妻恩爱如初，最让她烦心的是大夫说她几乎没有生育的希望，两个相爱的人多么渴望拥有自己的爱情结晶啊！

没想到终于天遂人愿，而立之年的张辛怀孕了，虽几经波折，有惊无险夫妻二人喜得贵子。

有了孩子一家人本该其乐融融更加美满幸福，可惜生活不是我们想象的那样万事如意，它总是节外生枝考验着每个人。

张辛的丈夫在外有一个红颜知己，任何一个女人都不能忍受丈夫对自己的背叛。2008 年她和丈夫离婚了。

一个曾经多么恩爱和谐的家庭就这样令人痛心地瓦解了，好不容易才来到人世的孩子却不能给他一个完整的家，10 年的夫妻情分怎能让人忘却！痛定思痛后他们选择了复婚。

2003 年，面对小三的挑战，张辛遵从了自己的意愿，她依然爱着丈夫，她曾经说过自己爱丈夫胜过爱自己，她大度地选择了原谅丈夫，为了保卫自己的婚姻，她在微博上公开斗小三。

最后经历了丈夫和红颜知己藕断丝连的不忠，身心俱累的张辛明智地选择了离开，她和丈夫分居后，虽然悲伤却并没有消沉，她勇敢地选择了面对现实。

失去了爱情，失去了丈夫，失去了家庭，但无论如何不能失去儿子，孩子是娘的心头肉啊！可是张辛这些年全心全意经营家庭，从未料想到自己深爱的丈夫有朝一日会和自己成为对手：自己没有稳定的工作，没有经济收入，和丈夫相比没有任何优势能够争来儿子的抚养权。

不能输绝对不能输！一定要挣很多的钱，一定要争来儿子的抚养权！暗下决心的张辛开始了疯狂拼命地工作。

张辛从1999年开始就在网上以笔名六六开始撰文，她喜欢写作，她的作品贴近现实充满生活的智慧。

2003年以小说《王贵与李香香》蜚声海内外网坛，被看作继张爱玲、虹影之后的第三代海外华裔女作家的代表者。

她的多部作品被改编成电视剧，《双面胶》《蜗居》反映了社会敏感话题，得到了社会的强烈关注和热议，由她担任编剧的热播剧《心术》《宝贝》在各大卫视开播后，得到了许多好评。

六六荣登"2010年中国作家富豪榜"第20名。

她的功成名就最终在2012年与前夫的离婚事件中赢得了儿子的抚养权，她的感情也有了新的归宿，她为儿子营造温暖的家庭生活，为儿子提供优越的学习生活条件，她是一位优秀的母亲。

像六六这样既有姣好的容颜又有才华的优秀女人都无法拴住丈夫的心，可见男人是多么的花心。

遭遇爱情婚姻失败打击的六六并没有消沉，她经过努力活出了一片新天地。六六曾说："最大的快乐是，我通过努力，过的每一天，都是我想要的。我一路走来，凭自己的努力，永远在创造实现着我人生新的价值。"

六六的经历再一次向女性朋友们证明：女人要独立，不能依赖丈夫。除了爱情婚姻，女性还有好多值得去追求的事。做好自己，让自己变得越来越优秀，生活就会越来越精彩。

女人经济要独立

在现代的婚姻生活中，女性正经历着工作和料理家庭的双重压力，为了更好地照顾家人的饮食起居和孩子的学习教育，好多女性辞去工作，做起了专职家庭妇女。

一旦婚姻出现危机，女人脱离社会太久，一时半会儿找不到适合自己的工作，没有稳定的工作，没有了经济来源，自己生活艰难困苦，更没有优势争取孩子的抚养权。现实就是这样无情，你付出了一切，却输得一无所有。

影视功夫巨星李连杰当年未成名时和同门师姐黄秋燕结婚，婚后为了丈夫的前途，黄秋燕退出影视圈跟随丈夫到美国，她一心一意做个贤妻良母相夫教子，先后为李连杰生育了两个可爱的女儿。

可惜两人的婚姻只维持了短短3年就结束了，因为李连杰宣称自己找到了真爱，他和曾当选为亚洲小姐冠军的利智相爱了。

离婚后两个女儿由李连杰抚养，他把女儿带回北京交由母亲照料，他把贷款买的房子留给了黄秋燕，她孤苦一人留在美国，由于没有经济来源偿还房贷，房子被强制收去拍卖。黄秋燕只能住在朋友的地下室，一住就是10年，这期间她在美容店打工维持生计。

爱情消失，家庭破裂，生活压力一度使黄秋燕情绪低落，多亏在朋友们热心开导帮助下，她才度过了最伤心痛苦的时期。

原本正值青春年华的黄秋燕是一名动作女星，如果不为婚姻放弃演艺事业，怎会落到如此艰辛的困境。

女性朋友们，生活是丰富多彩的，爱情、婚姻不是我们追求的唯一目标，要有自己的独立生活、独立的人格，要有独自一人承受打击的勇气和面对现实的实力，要不断地学习，增强工作能力，增强投资理财的能力。

当你拥有足够的金钱和工作能力，假如有一天你的婚姻之船遇到暗礁的碰撞时，你就有足够的能力自救，不至于一败涂地。靠自己的女人最有光芒，这是亘古不变的真理，男人要走就走好了，无所谓。

假如没有了婚姻没有了家庭，你有自己热爱的事业，不至于悲观失落，你拥有足够的经济实力，能够体面有尊严地生活，能够有优势争来孩子的抚养权，能够为孩子提供衣食无忧好的学习生活条件。

有了事业和金钱的支撑，在现实生活中，你依然从容地活着，流自己的汗，吃自己的饭，走自己的路，这足以证明你是生活的强者，你没有输。只有时间这剂良药能慢慢治愈你感情的创伤。踏实地活着，生活依然美好。

女人也要注重事业

女人需要家庭，更需要事业。在狭小的家庭生活中，女人会逐渐失去自我的人生价值，一生碌碌无为。在广阔的事业天地中，女人会绽放出无限的魅力。

2017 年 3 月 26 日，香港特首选举尘埃落定，前政务司司长林郑月娥被选为香港历史上首位女特首。选举结果公布后，林郑月娥的丈夫林兆波和长子林节思上台为她献上鲜花祝贺，香港市民更是敲锣欢呼庆祝。

香港《文汇报》27 日以头版通版和多个专题版面大篇幅报道林郑月娥高票当选。该报发表社评认为，林郑月娥坚持为国为港，行之正道，以积累深厚的管治功力、全面可行的政纲理念、扎实牢固的民意基础、谦卑兼听的诚实姿态，赢得了中央信任和港人拥护，高票当选是众望所归。希望她上任后可团结各界，搞好香港经济及民生，带领香港不断向前。

林郑月娥赢得了中央的信任和港人的拥护，这是她多年来全心全意投身工作换来的荣耀。

她所取得的成就也离不开家人的支持，尤其是她的丈夫林兆波多年来一直默默承担照顾孩子的责任，以支持妻子专心工作。

林郑月娥曾遭遇一场车祸，却因祸得福，收获了她幸福的爱情。

20 世纪 80 年代初，政府保送她去剑桥大学进修，她看到美丽的校园兴奋不已，骑单车游览，不慎遭遇车祸住院，被当地报纸报道。同在剑桥的数学系研究生林兆波看到报道，就和几名香港学生一起去探望她，两人因此相识相恋。

一年后，林郑结束深造返回香港。林兆波取得剑桥博士学位后，本可以到外国大学任教，但为了林郑月娥，他选择回到香港中文大学执教。两人 1984 年结婚后，林郑月娥忙于公务，结婚 7 年后才生育孩子。

2007 年林郑月娥出任发展局局长，2012 年接任政务司司长，直到今天高票当选女特首，林郑月娥充分展示了自己的工作能力，为香港的发展做出了贡献，迎得了港人的爱戴。

林郑月娥有一个幸福美满的家庭，她有一个深爱着她的丈夫，有两个优秀的儿子。虽然夫妻二人聚少离多，但丈夫林兆波以无私的爱全心全意支持着她的工作。丈夫林兆波是了解妻子的工作能力和政治才能的，他不以夫妻的儿女私情为重，以妻子的前途为重。多么无私的爱！成就了越来越出色的妻子林郑月娥。

因为工作，林郑月娥的人生很充实很精彩，获得香港历史上首位女特首的殊荣，为她的人生添加了浓墨重彩的一笔。

林郑月娥的事例再一次充分证明：工作的女人魅力无限，工作让女人实现自己的人生价值！当你越来越优秀，爱你的人就会越来越多。

幸福需要自己争取

自古帝王男儿做，唯有武媚真绝色。

武则天是中国历史上唯一得到普遍认可和众人皆知的女皇帝。

武则天能取得如此殊荣，这都是靠她自己步步为营，以非凡的政治才能苦心经营得到的。

武则天是一个真正独立的女人，首先她做到了思想独立，思想独立最难练就。做到思想独立的她借助皇帝丈夫的权威，实现了个人的经济独立和人格独立，最终一统天下。

14 岁入后宫的武则天从小小才人成长至一朝始皇的人生

经历中,遭遇了多少惊心动魄的险恶,但她不服输,历练得愈发强大。她不断地争取自己想要的一切。

她曾流落尼姑庵10多年,还不忘要雄飞崛起,可见她在逆境中是多么坚强。她为脱离苦难的生活,积极创造机会,终于和情郎李治相会。

她极有抱负,决不想屈居于人下,做事善用谋略。刚被李治接进宫时,她并没有仗着李治的宠爱嚣张跋扈,而是像王皇后献媚殷勤,迷惑对手让她放松防备后,待时机成熟时一举拿下王皇后和萧淑妃。

唐高宗李治有温柔贤良的王皇后,还有后宫佳丽如云,都敌不过女强人武则天对他强大的吸引力,他力排众议立武则天为皇后,从此再也无任何人能撼动武则天皇后之位。

李治如此宠爱武则天到底为哪般?

王侯将相,虽声名显赫,却也各有各的苦衷。贵为皇帝的李治有个最大的心病,那就是朝中大臣的势力越来越大,这一帮朝中重臣可都是人才中的顶尖人物,很难驾驭。李治感到自己这个皇帝却愈来愈孤掌难鸣。

唐高宗需要的是一位和自己同心同德的贤内助,能帮他处理国家大事,能帮他制衡权臣的强者。

而唐高宗的第一任皇后——王皇后,据说是一个温柔、贤良、随和的女人。甚至可以与长孙皇后相媲美。王皇后与武则天比起来温良了一些,但她容易吃醋,李治一旦宠幸别的女人,王皇后心里就非常不高兴,这就给夫妻关系蒙上了一层阴影。而且她不能帮李治出谋划策解决朝堂上的烦忧,对于位居帝王之位的李治,皇后和这后宫三千佳丽只是供他赏玩的花瓶。

武则天不仅拥有美丽的容貌,更是一位能力超强,而且极富政治手腕的女人。得了这样一位女才人,李治犹如得到了一位难得的知己,她很快成为了李治的左膀右臂,她不仅能帮他处理朝政,而且做事颇富心机,里里外外帮李治打理得得心应手。有了武则天,李治不再担心皇位坐不稳,也不再受大臣的气,处理朝政得心应手,不再为朝堂之事烦忧。李治不仅迷恋她的花容月貌，更是打心眼儿里佩服她的才能。

武则天既聪明能干又温柔多情，集美貌与聪慧于一身的非凡女子，怎能不俘获皇帝的忠心宠爱呢！

靠自己生活才踏实

有些女孩没有自己的人生目标、人生规划，把大部分精力和全部热情投入到谈情说爱、结婚生子。结了婚生活就有保障了吗？结了婚就会幸福快乐吗？计划赶不上变化，一切都是未知数。

在用心用情经营婚姻的同时，不能过分依赖丈夫，要居安思危，要有自己热爱的事业，要有独立的经济来源。有丈夫的生活甜蜜幸福，没丈夫的生活也能坦然面对。

叶蕴仪出生于香港，歌手兼演员，小时候因为外形靓丽，被星探发现后签约成为广告艺人，由此进入娱乐圈。22 岁的她为了嫁给富豪陈柏浩，放弃了自己的事业，在家相夫教子。

年纪轻轻就嫁富豪，本以为能成阔太享受高贵富足的生活，不料却嫁错郎，老公陈柏浩外遇不断，叶蕴仪无奈离婚，但丈夫却以破产为由拒绝支付补偿费。

为男人奉献了美好青春年华的叶蕴仪既要照管两个孩子，还要赚钱养育孩子，可想她的生活有多么艰辛！生计所迫她再进入娱乐圈时早已是年轻人的天下，因为婚姻耽误了她的事业发展的黄金期。

当一个女人把自己的幸福寄托在别人身上的时候，她已经把自主权交给了别人，那她的未来多半是不幸的。

最近我认识了一位空姐，长得自然是花容月貌，今年 29 岁了还没有心仪的男朋友，不是没有男人追她，而是她的要求太高，她要找才貌双全、坐拥千万身价的男子。我问她："你每月也有一万元的收入，应该积攒了不少钱吧？"

她竟然好奇地反问我："我攒钱干什么呀？我找老公就是为了以后养我的。"

有几个男人愿意沦为你长期免费的饭票？

有几个男人愿意充当你长期的自动提款机?

近日,一个95后美女主播“小曲奇”的新闻传遍了整个网络。不是因为她的美貌,也不是因为她的成功,而是因为她辛酸的命运。

幼小的孩子和她被男人无情地抛弃了。

她年纪轻轻却身患肿瘤,依然坚持午夜直播,赚钱抚养年幼的儿子。

因为她甜美的笑容被粉丝称作“小曲奇”。在小曲奇19岁的时候,花样年华的她和大多数普通的女孩一样,对未来的生活充满无限的憧憬,欢天喜地地恋爱结婚生子。

她嫁给了葫芦岛当地的一个男生,当婚礼进行曲响起的那一刻,她满心欢喜,以为这是一个幸福生活的开场曲,谁会想到这是她人生走向苦难的开始。

婚后夫妻二人的日子虽不富裕,但相互陪伴着就是幸福。结婚第二年有了孩子,丈夫去北京打工,他信誓旦旦说要去大城市挣大钱,给孩子和她更好的生活。

她在家养育孩子,日日渴盼着丈夫的好消息。结果仅仅离家几个月的丈夫和别的女人好上了,男人在电话里斩钉截铁:离婚吧。

没有任何理由,丈夫能挣来钱主动权在他手里,他想结婚就结婚,他想离婚就离婚,不需要理由。

遭到无情的抛弃,感情的打击尚且能承受,可没有了生活来源,还怎么活?对于没有一技之长的她和这个嗷嗷待哺的孩子来说就是彻底的绝望,孩子还小,每天得有人看护,她无法去外面工作。给孩子爷爷奶奶打电话,爷爷奶奶不管,几乎每天都是以泪洗面,最难的时候,她甚至想带着孩子一起投海自尽。

幸亏在朋友的介绍下,她在火猫直播选择成为一名英雄联盟女主播。

当她了解到直播行业在近几年越来越火,没手没脚的筷子哥可以靠直播养活全家,聋哑人雷欧娜可以在直播里实现自己的演员梦,工地搬砖小哥可以靠直播健身而赚钱脱贫,一个又一个平凡人通过一台电脑、一部手机展现了自己的风采，改变了自己的命运。这些励志事例激励着她有了好好活下去的信念。

她什么都不懂，但她很努力。直播主管了解到她的情况之后，亲自一步一步教她：如何用直播软件，如何吸引人气。她从头开始，一步一步地学。白天要照顾孩子，只能选择晚上直播，在每天的深夜，火猫直播的直播间里几乎都能看到她的身影。她知道，为了孩子，她一定要努力。功夫不负有心人，她直播间的人数开始多了起来，收入也多了起来。

谈到未来，她显得很是开心：要把孩子抚养长大，还要给孩子买房。她依靠自己活着感觉很踏实，很快乐，她明白了生活只有靠自己的努力才有真正的幸福和希望。

女大学生的悲哀

女人心里只有老公和孩子，没有一丝一毫的自己，是多么可悲。在一个没有独立意识的女人眼里，老公和孩子才是生活的全部支撑，一旦被男人抛弃，失去了家庭，拖儿带女的女人还怎么活？想想都后怕！

伍继红曾经是一个从农村飞出去的金凤凰，是一个令无数普通人羡慕的女大学生。如今却落魄到养 6 个娃，住着破败不堪的土坯房，过着穷困潦倒的艰辛生活。究其原因，主要是她走进婚姻围城，与社会脱轨，缺乏独立精神，让才华埋没于困苦生活。

1996 年国家实行大学生不包分配自主择业的政策，1998 年毕业于名校人民大学的伍继红失去了捧铁饭碗的机遇，她东奔西跑找工作却处处碰壁，考公务员面试失败。最后心灰意冷的她到广东工厂打工，一个月只有 1000 元收入。

此时伍继红虽然失意落魄，但她还有选择生活的机会和主动权，只要她坚持渡过眼前的困境，相信她还有上升的机遇。

不幸的是她走进婚姻围城毁了自己的一生。打工期间她遇见初中同学并和他结婚生子，错上加错的是她从此变成一个家庭妇女，走进婚姻围城和社会脱轨，把婚姻当成最后的救命稻草。不料生下女儿后，丈夫外出打工因有外遇又抛弃了她和孩子。

理想与现实的落差如此悬殊，丈夫的背叛，有孕在身的她和孩子如何生存的困境，一系列辛酸让不堪重负的她精神受到了刺激。此时她已完全失去了选择生活的主动权，任由命运摆布。

流离失所的伍继红经人牵线又和第二个丈夫陆续生了4个儿女，如今她要侍候70多岁的公公婆婆，还要照顾6个子女生活学习。家庭生活十分贫穷艰难。

伍继红接受过高等教育，但缺乏坚韧毅力，她轻易地选择了放弃，甘愿让自己的才华埋没在婚姻中。缺乏独立自主精神的她将自己的生活全部寄托于另一半，婚变导致她精神失常，酿成了她的悲剧人生。

对于女人来说思想独立最重要，自己的人生自己做主，不要受别人左右。努力做好自己，争取经济独立，才会活得优雅从容。

婚姻让她遭受苦难

好的婚姻让一个女人越活越精致，不幸的婚姻足以毁了一个女人的一生。

香港的影视明星薛家燕8岁时在爷爷寿辰上表演节目就被导演相中成为童星，后来还在电视台主持音乐综艺节目，曾和张国荣组成情侣合唱团一起表演。正当她沉浸在演艺事业蒸蒸日上的快乐时光中，由于错爱一个男人让她的人生掉进了苦难的深渊。

有一次她去韩国参加音乐颁奖会，在飞机上认识了越南华侨安保庆，在他的强烈追求下，30岁的薛家燕和他结了婚，并退出了娱乐圈，在家生儿育女。

薛家燕生了两个女儿一个儿子，她在家精心照料儿女，并抽空到培训班学习厨艺，给丈夫做可口的饭菜。这样一个多才多艺、貌美如花的贤妻良母，依然拴不住丈夫的花心，他和秘书搞婚外情。

事情败露后，丈夫不但不悔改，还狠心抛下她们母子 4 人玩失踪，并偷偷转移了全部财产，还把她住的楼买给自己的母亲。婆婆上门来索要房子并狠心把她们母子赶出了家门。

悲痛不已的薛家燕一个人带着 3 个幼小的孩子无依无靠，幸亏她以前演出时还攒了些积蓄，用以度日。她为了给孩子挣学费，投资做生意却亏得血本无归。

伤心绝望的薛家燕准备从她住的 25 楼纵身一跃以求解脱，她刚准备跨过阳台栏杆，谁知孩子跑过来喊妈妈，当她看到儿女们无助的眼神，她冷静了下来：我不能死，为了可爱的孩子们我要活着！

很多女人被抛弃后一蹶不振，陷入回忆里无法自拔，其实你该清楚无论你多难过，那个背叛你的男人，也不会再心疼一点点。

薛家燕振作精神重新走向演艺道路，为了挣更多的钱，她不停地拍戏，接商业广告。她非常重视孩子的教育，把孩子送到名校上学。

一段不幸的婚姻，一个不配为人夫、为人父的渣男差点毁掉了薛家燕的一生！庆幸的是薛家燕和孩子终于熬过了最艰难的岁月，懂事的 3 个孩子留学美国，她自己的事业也顺风顺水，身价上亿。

一个有智慧、有追求、勇敢独立的女性，她值得拥有更好的。

孩子们都懂事孝顺，每逢母亲节和她的生日，孩子们总是给她惊喜，当她生病时儿女们轮流着照顾陪伴她。是孩子给了薛家燕生活的希望，是孩子给予了她亲人的温暖。

大女儿还帮母亲牵线介绍男朋友，如今 60 多岁的薛家燕也享受着甜蜜的爱情时光。

第十章　不婚女的情感生活

当今时代,整个国际社会持有不婚主义的男男女女越来越多,我国持有不婚主义的人数已达2亿多。

每一个新生事物都有其发展的过程,随着我国社会经济的不断发展和社会服务功能的不断完善,男女的社会地位平等日益凸显,在人们追求个性化和自由主义的社会理念的驱动下,我国不婚主义者的队伍会越来越强大,“非婚”也将会成为一种社会潮流,也会得到国人的逐渐认可。

现代人婚恋观

我国改革开放30年来,随着物质条件的极大改善,人们的生活水平不断提高,更加注重情感生活的需求,不断上演婚外情导致离婚率居高不下。

社会的高速发展,让人感到无所适从,极大地追求物质的享受,在这样的世俗现实中,爱情已失去了原有的魅力。

现在社会是感情泛滥的社会,爱情早已经成了快餐,不求天长地久,但求曾经拥有。

现代婚姻到底给我们带来了什么,好处是夫妻二人互相帮扶,情感有所寄托不孤独,有种归宿感,能享受孩子给我们带来的难以割舍的亲情。幸福的婚姻是人人奢望的最好的生活方式,我国已婚夫妻有一半的感情生活还是幸福的。

在婚姻生活中,由于夫妻双方明确承诺要为对方负责,婚姻让人感到肩头沉甸甸的担子,沉重的经济负担,家庭琐事的牵绊,夫妻双方介入对方的生活,自由空间越来越小,尤其是感情的背叛伤害,更让人对婚姻望而却步。

这种种的不利因素让当今崇尚个人自由主义的青年男女向传统婚姻发出了挑战，将会有越来越多的青年男女加入不婚主义者的行列。

不婚主义者只是不想走进婚姻生活，但是他们依然向往、憧憬爱情的浪漫,当爱情来临时,谁也无法拒绝它的魔力。

不婚主义者谈恋爱时都抱着不求天长地久、只求曾经拥有的态度,他们不领结婚证过起了同居生活,双方不给对方婚姻承诺,在身心放松的状态中享受甜蜜的爱情。

人们已普遍认识到没有天长地久的爱情，当爱渐渐淡去时,他们不受婚姻的约束,他们之间不牵扯财产争夺战、孩子抢夺战的伤害,能够洒脱地分手互道珍重。

当今我国男女人口比例失衡,男多女少一女难求,按常理只有剩男没有剩女,可现实是大龄剩女越来越多,甚至有不少女孩表明选择过单身生活。

她们不是不向往恩恩爱爱相互扶持的夫妻生活,而是现实生活中受家庭矛盾困扰,承受丈夫出轨包二奶找小三的背叛,让多少女人变成了怨妇,女孩已不再相信爱情,她们对婚姻望而却步。

不为爱所困、不为情所累的单身女孩活得最潇洒,她们全身心投入工作,精力充沛发展自己的事业,自由自在打造自己精致的生活:和亲人朋友一起品尝美味;茶余饭后看手机聊聊天,品读自己喜欢的美文;闲时和闺蜜们游山玩水……身心自由、财务自由,生活是如此的美好啊!

潇洒不婚的女明星

明星才女徐静蕾至今没有结婚,她没有家庭的牵绊,活得独立又潇洒。

演员这个职业为徐静蕾积累了名气和财富,为她自由选择生活提供了物质保障。

她说："从情感上我不需要保障，经济上更不需要谁保障我，我为什么要结婚?我不愁吃不愁喝，生活挺幸福。"

曾几何时，徐静蕾也是一个会为爱情要生要死的小女生，当初她还在北京电影学院读书，和初恋男友分手后，心情很痛苦！当她路过河流的时候就想跳下去。但才女徐静蕾可不是浪得虚名，聪明智慧的她事后回头想，他谁啊，凭什么啊？

从 19 岁开始，集美貌与智慧于一身的徐静蕾受到众多男士的追捧。进了娱乐圈后她的绯闻男友更是数不胜数，包括王朔、三宝、李亚鹏、张亚东、黄觉、韩寒等，横跨文学界、音乐界、电影界，可见女神徐静蕾的魅力无穷！

只是人生的道路既漫长而又坎坷，年轻力壮时可以天南海北游玩，尽情享受爱情的甜蜜，尽情享受自由自在、无拘无束的生活。但当你生病时谁来陪护？当你年老体弱时谁来照顾？当你退休后寂寞孤独的生活如何度过？有钱可以请保姆，但慰藉心灵的亲情是金钱买不来的。

不愧是才女，潇洒的同时，徐静蕾不忘对自己的将来做好了规划，她还是提前冷冻了 9 颗卵子，防患于未然。曾公开表示不婚不育的徐静蕾坦言，冻卵的原因是让自己免于后悔，"人生中只有这一件事，是后悔也没有用的，要做打算，万一哪一天，形势所迫，如果自己或爱人改变了主意，总还有一条退路，有一个解决办法。"

2009 年，35 岁的徐静蕾在执导《杜拉拉升职记》时，爱上了担任男主角的黄立行，她对黄立行身上那种冷冷的性感魅力很是着迷，演员黄立行对特立独行的才女徐静蕾也是爱慕不已，两人至今相爱如初。

许多女明星争先恐后地想嫁入豪门，有钱有名望了，但别忘了豪门的规矩是你首先得低眉顺眼。徐静蕾追求的是有钱、有爱、有自由的真正幸福生活，她和男朋友黄立行两人恋爱 8 年竟然从来没吵过架，这个记录可以让很多娱乐圈里的情侣都羡慕！徐静蕾说之所以不吵架，是因为彼此互相尊重，这一点很重要。

两个人平等尊重，彼此独立，共同成长，或许这就是恋爱最好的相处方式。

已经43岁的徐静蕾只谈恋爱不结婚，和男友黄立行已经在一起度过了8年的恩爱时光，拥有比结婚更甜蜜的幸福。关于她的不婚，她说觉得现在这样的生活方式也很好，她无比相信爱情，所以觉得无需用婚姻来证明。

按自己的意愿活着，多么潇洒的人生！

千万别和渣男谈恋爱

女人对待情感比较保守专一，她们一旦爱恋上一位伴侣，就想和对方相守一生。尤其是女孩更是痴情，如果爱上个正人君子，算你幸运，他会感念你的情义。

如果你爱上个渣男，渣男虐你千百遍，你爱渣男如初恋，你爱得不能自拔，你爱得卑微到失去尊严，你爱得奉献了你自己。亲朋好友的忠言你充耳不闻，在渣男的花言巧语下，还奉献了你赖以生存的钱财。

当他移情别恋不需要你时，他绝情地弃你而去。你死的心都有，只因你把一切都押给爱情，下的赌注越大，输得越惨！

好多女孩说没谈过恋爱人生不完整，尤其当她劳累时，当她孤独时好想找个有力的肩膀靠一靠，渴望着美好的爱情。但恋爱时也要认真选择人品好的男友做恋人，误爱渣男导致不幸的爱情，是最伤人的利器，一段不幸的爱情，心已被伤成千疮百孔，留下的伤害是一辈子都难以释怀的！

民国四大美女之一的阮玲玉，是优秀的演员，她在银幕上演绎了无数的爱情故事，一生共主演了29部电影，她的表演才华横溢，光芒四射，达到了中国无声电影时期表演艺术的最高水平。自身却情路坎坷，被爱所伤为情所累，付出了25岁年轻生命的代价。

阮玲玉离世的消息传出，立即引起轰动，当天，仅上海就有5名少女自杀，她们留下的遗书称“阮玲玉死了，我们活着还有什么意义？”

一周后，30 万民众自发为她送葬，队伍长达 10 来公里。美国《纽约时报》为此在头版头条刊登消息，称其为“近代国际上最大的葬礼”。

如此受世人倾慕的阮玲玉为何要自尽呢？是因为她坎坷的情路毁了自己。

在阮玲玉 6 岁的那年，父亲病逝了，母亲为了生计，带着阮玲玉去了上海的大户张家做佣人。在阮玲玉 15 岁那年，张家 18 岁的四少年张达民对她展开了热烈的追求。

为了追到阮玲玉，他手段尽出：找阮母套近乎了解阮玲玉的喜好，假装在公园散步与阮偶遇，买阮玲玉喜欢的邓肯传记送给她。他对阮玲玉嘘寒问暖，关怀备至，常用零花钱接济阮玲玉母女，还给阮玲玉买各种昂贵的礼物。深受感动的阮玲玉和张达民享受着甜蜜的爱情。

可是张达民既没有固定工作，又不求上进，还整日泡舞厅、搓麻将，很快他们的生活就越来越拮据了。

16 岁的阮玲玉迫于生计，不得不从崇德女校退学，并去应考电影《挂名夫妻》的女主角，从此开启了自己的银幕生涯。

这个花天酒地的少年张达民不但没钱供养阮玲玉母女，还一次次伸手向阮玲玉要钱去赌博，甚至几次偷钱逃走，让阮玲玉还债并忍受各种难堪。在阮玲玉对张达民绝望的时候，“茶叶大王”唐季珊对阮玲玉展开追求，并鼓动阮玲玉与张达民离婚。张达民的离婚条件是阮玲玉每个月要贴他 100 元，贴足两年。无奈的阮玲玉答应了他可耻的要求。

唐季珊此前曾用尽手段，将民国第一个“电影皇后”张织云追求到手，而后很快又将其一脚踢开。张织云写信给阮玲玉，劝她离开唐季珊这个渣男，你别执迷不悟，否则我的今天就是你的明天。

然而，深陷情网的阮玲玉再一次扮演她的圣母角色，沉浸在唐季珊的温柔宠爱里。可是，唐季珊的宠爱与热情并没有持续多久，他很快原形毕露，与其他女星厮混，还动手打阮玲玉。

更令阮玲玉倍感痛苦的是，张达民也不肯放过她这棵摇钱树，纠缠、威胁、勒索不断。甚至唐季珊与张达民互相起诉闹上法庭，竟要阮玲玉出庭作证。两个她曾爱过的男人为了满足各自的私欲，不顾念她的名誉在媒体公众面前公布各种隐私让她难堪。在两个负心汉的逼迫下，在众人的诽谤中，绝望的她在开庭的前夜选择了自杀。

阮玲玉遇到的两任男友都是渣男，典型的极品渣男。

张达民是纨绔子弟，养不起家分手还要阮玲玉倒贴，此后还纠缠不休，敲诈勒索诽谤无所不用其极。唐季珊是玩弄女性的高手，始乱终弃，不停出轨还对阮玲玉实施家庭暴力。这样的伤害，生于乱世的弱女子阮玲玉的人生能不悲催吗？

在男人的甜言蜜语虚情假意的诱惑中，阮玲玉她总是来不及擦亮眼睛仔细挑选，却急匆匆地相信那就是她所渴望的爱情，自己跳进了渣男挖的情欲陷阱。

深受其害的阮玲玉终于看清了渣男的丑恶嘴脸，她曾对朋友说："张达民把我当作摇钱树，唐季珊把我当作专利品，他们都不懂得什么是爱情。"

富于表演才华的一代艺人阮玲玉追求美好的爱情，可叹遇人不淑，她的一生让这两个渣男给毁了，她在痛苦与绝望中选择死亡以求解脱。

婚姻需要慎重，恋爱也需要慎重，人品贵重，远离渣男。千万不可因抱着不结婚的观念，就跟着感觉走，随意和男的交往谈恋爱，谈情说爱初期也要认真了解男方的人品，如果招惹上渣男就会惹火上身，你想分手时，他会百般纠缠不尊重你的感受，甚至会威胁到你的人身安全。

一旦遭遇渣男，要见机行事，不可强硬分手，以防他对你极端报复，要想计策逼他主动离开。

有爱的同居生活

不婚主义者追求的是自由与爱情并存的美好生活，只要有爱情在，不需要一纸婚书的证明，不需要相互负责一生的婚姻约束。

曾有位不婚主义的女生对想结婚的男友说："你爱不爱我并不是婚姻说了算。没有婚姻，你愿意为我做的也会为我做；有了婚姻，你不愿为我付出的，也依然不会付出。而且婚姻是两个家庭的事情，爱情是两个人的事情，两个家庭让爱情复杂，两个人的爱情却更加简单。"

世俗婚姻掺杂太多的功利性的目的，而不婚主义者只为追求浓浓的爱，只为相爱而互相拥有。

只有在经历中打磨自己，感受每一份爱情，才能选择最适合自己的那一个人。不婚族是因为没有遇上对的人，如果在试婚过程中碰上自己的意中人，尤其是精神伴侣，那也会改变初衷，心甘情愿走进家庭生活。

因为相爱，越来越多的伴侣们会选择生活在一起，经过几年的磨合期，如果两人依然恩爱，他们会有计划地买房子，等条件成熟时还会生孩子，他们齐心协力共同经营着甜蜜的家庭生活。

在日常生活中，有可能男方在家做家务带孩子，女方出去上班挣钱，也有可能两人共同上班共同做家务，一切都是自愿协商心甘情愿。

法国美女政客罗雅尔曾参与法国总统的竞选，她是一位不婚主义者，她讨厌结婚，但她不拒绝爱情，她与非婚丈夫同居将近 30 年，引领法国非婚潮流。如今非婚已成为法国普遍现象。

罗雅尔和奥朗德相识于 1978 年，两人在一次次的讨论中被对方吸引并互相欣赏而产生了爱情。1980 年，两人从国家行政学院毕业后就生活在一起。担任法国社会党主席的奥朗德负责日常生活做饭和家里的购物。

1984 年他俩生下第一个孩子，后来他们一共生了 4 个孩子，二人一起经营着温暖的家，共同抚养孩子，现在 4 个孩子都已经长大成人。

罗雅尔和奥郎德这两个深深相爱的人，虽然没有婚姻的约束，却在一起相亲相爱养育子女度过了27年，共同经营着充满爱意的家庭生活。

这更加说明爱情不需要婚姻的约束，只要有真正的爱情就有幸福的生活。

生活很现实

不过我感觉非婚是对男人彻底的解脱，男人喜新厌旧，非婚使他们不用对伴侣负责任，他们喜欢跟谁在一起就和谁在一起，他们猎艳的心态促使他们会不断地换伴侣。这样的结果是被爱所伤的女人只会越来越多。

女人也须洁身自好，观念太开放，性生活太随意，对女人的伤害最大：引产人流最伤女人身体，若失去了健康，生活怎能快乐？如果性伴侣太多，传染性病更是痛苦不堪！

假如每位女孩都洁身自好，不当小三不破坏别人的家庭，男人想出轨也无对象可选，还婚姻一方净土，于国于民可真是一件幸事！

抱有不婚主义的女孩更要为以后的生活早做打算，因为女人最美好的青春年华短暂，容颜易老，再怎么保养，女人的容颜掩不住岁月的痕迹，过了生育年龄再想要孩子得冒很大的生命风险。

而男人经得住岁月打磨，40岁到50岁的男人也不显老，却更显得成熟稳重。甚至六七十岁的老年男人，只要他们有车有房有票子，还可以找20多岁青春靓丽的女孩结婚生孩子。

众所周知，女演员马苏和曾任国乒女队主教练孔令辉曾有过一段长达11年的恋情，曾是令人羡慕的一对文体恋。

2013年，马苏突然公开宣布两人分手，伤感的马苏甚至在现场情绪失控落泪。她最宝贵的10年青春年华奉献给了孔令辉，如今却一无所有，换来的只有一颗伤痛的心！

两人第一次认识是在2002年釜山亚运会后，朋友邀请孔令辉去参加一个聚会。邻座有个眼睛大大的女孩引起了他的注意，这不就是电视里经常播放的一个广告女主角吗。

喜欢上马苏的孔令辉经朋友牵线，两人经过几次接触，逐渐发展出一段恋情。孔令辉曾放话北京奥运会后一定娶马苏，可等到2012年伦敦奥运会开完，两人还是没有结婚的消息。

激情过后是平淡，两人在一场激烈的争吵之后，孔令辉冲着马苏大吼："滚！"自尊心受到伤害的马苏拎着行李摔门而去。

但是当她提着行李站在黑夜的寒风中时，她才意识到一个问题：自己无处可去。这10年两人感受着爱情的甜蜜，你中有我，我中有你，似乎从来没想过分离的事情。

如今爱情失去了，生活还得继续。人家的房子车子依然是人家的，马苏10年的青春在陪伴他的时光中逝去。曾经令人陶醉、令人幸福的爱情是如此虚幻！此时她最需要的是一间能为她遮风挡雨的房子。

就在那个夜晚，马苏决定要赚一套属于自己的房子。从此她拼命接戏，从小角色开始一步一步向前发展。为了省钱买房子她不敢参加同学聚会，舍不得买化妆品。她把攒下来的每一分钱，都投入一套公寓的首付里，付出了6年努力，终于把所有房贷还清。如今，她还成为飞天、金鹰、华鼎奖三料视后。

独立的马苏事业有成，也有了属于自己的房子，住在自己的家里，是最安心最自由的。

男人与女人的思维区别是女人最难忘初恋，而男人最爱新妇。36岁的马苏至今单身，或许她还没有忘却那段情！而孔令辉则早有了新欢。

所以不婚主义的女孩子们千万不可抱着玩的态度迷失在朝三暮四的热恋浪潮中，因为女人的青春输不起！女人的感情伤不起！

做个负责任的妈妈

现代的女人和男人一样会挣钱会养家,还有一项特权那就是会生小孩。

南京市的一名女孩诺沁各方面的条件都很好,可惜感情经历很伤痛。她前后谈过两次恋爱,最后被渣男骗了一大笔钱,遭受沉重打击的诺沁感叹想拥有真正的爱情好难!

诺沁很喜欢小孩，看着身边很多同龄人都生了可爱的小孩,她也很想有自己的孩子,但又不想勉强找个人嫁了,诺沁认为没有爱情的婚姻是对双方的一种伤害，找个凑合的人结婚生子,然后婚姻破裂,这样对孩子也是不负责的行为。

2014 年已经 33 岁的她依然没有找到能够相爱的男友,她开始考虑自己将来的生活:再过几年,如果自己还是不能有婚姻,过了最佳生育期可能就很难有小孩了,她突然担心老无所依,她就萌生了自己生一个小孩的念头。

诺沁不是头脑一时发热,而是经过深思熟虑的,首先自己有抚养孩子的经济基础,她相信自己能做一个合格的妈妈,她想给孩子一个充满爱的家。

最后她通过人工授精的方式如愿当上了妈妈。

我最想告诉恋爱期的女孩,不管准备结婚的还是不婚主义者,首先要做到思想独立,争取经济独立,自己有钱就是任性,自己有钱才有尊严。

现在让人痛心的是有些未成年女孩竟然产子，你想过吗，谁来养活孩子？自己都养活不了时，你有什么权利把孩子生下？更痛心的是有个别女大学生也未婚生子,你太残忍了,不但对自己不负责任,更自私到对孩子不负责任。一个对自己都极力不负责的女人,没资格生孩子!

结婚后如果想生孩子,就要对孩子负责任,必须考虑有经济基础再生孩子,切莫苦了自己更苦了孩子!

古人说:忙时打孩子,闲时惯孩子。

如果经济条件不好,你一边得照顾孩子,一边还得想办法挣钱，劳累不堪的你怨气沉沉，没有好心情，抱怨孩子连累了你。受委屈的孩子虽然不敢公然反驳你，但心里早已怨恨你：生下我又嫌弃我，你别生我我还不受罪呢！这样的生长环境对孩子的心灵是一种摧残。

经济基础条件良好的家庭，生活压力小，每个人的心情舒畅，让孩子感受到生长在爱的沐河里，陪伴孩子一同感受生活的快乐，和风细雨般的慈爱引导教育孩子健康快乐成长，在充满爱的家庭环境里长大的孩子又自信又阳光。

世界上真心渴望做母亲的女人很多，生孩子就要具备做一位合格母亲的能力和物质条件，必须非常清楚在生育之后要为孩子负责任！

生孩子养育孩子是人生中最需要负责任的大事，女人决不可以玩忽职守，提前做好经济上和心理上的充足准备。热切迎接一个新生命的诞生，负责呵护一个新生命的成长，做一个负责任的好妈妈。